antropología

traducción de

HUGO ALFREDO GALLETTI

LOS TOBAS ARGENTINOS

Armonía y disonancia en una sociedad

por

ELMER S. MILLER

siglo veintiuno editores, sa
CERRO DEL AGUA 248, MEXICO 20, D.F

siglo veintiuno de españa editores, sa
C/PLAZA 5, MADRID 33, ESPAÑA

siglo veintiuno argentina editores, sa

siglo veintiuno de colombia, ltda
AV. 3a. 17-73 PRIMER PISO. BOGOTA, D.E. COLOMBIA

portada de anhelo hernández

primera edición en español, 1979

ISBN 968-23-0511-x

título original: harmony and dissonance
in argentine toba society

impreso y hecho en méxico / printed and made in mexico

ÍNDICE

AGRADECIMIENTOS

Paul Leser, de la Hartford Seminary Foundation, me introdujo en la antropología con tal gusto y estímulo que me hizo abandonar mi intención original de seguir un posgrado de lingüística, al tiempo que Peter Berger me proporcionó los puntales filosóficos y sociológicos que hicieron posible esta transición. John Gillin, de la Universidad de Pittsburgh, me proporcionó dirección y aliento en mis estudios de posgrado en los momentos en que más lo necesité, y junto con Hugo Nutini supervisó una versión anterior de este trabajo hasta su exitosa terminación en forma de tesis (Miller, 1967). Albert Buckwalter y James Kratz fueron colegas entusiastas en el Chaco, quienes compartieron muchas de las experiencias y discutieron muchas de las ideas aquí contenidas.

Sería casi imposible mencionar a todos los colegas argentinos que contribuyeron a este estudio. En particular quiero agradecer a aquellos que tomaron parte, de una forma u otra, en la plasmación del producto final. Enrique Palavecino, de la Universidad de Buenos Aires, y Clemente Hernando Balmori, de la Universidad de La Plata, me facilitaron el acceso a fuentes documentales y me hicieron partícipe de sus experiencias en el Chaco antes de mi primer viaje a esa región en 1959. El padre Guillermo Furlong, del Colegio del Salvador, me proporcionó su conocimiento de las fuentes jesuíticas y en numerosas ocasiones discutió conmigo la interpretación de la historia del Chaco. José Miranda, de la Universidad del Nordeste, me facilitó valiosas fuentes documentales y discutió consecuentemente conmigo interpretaciones de una gran variedad de datos sobre los Tobas durante mis tres viajes de campaña. Carlos López Piacentini y Ramón Tissera, de Resistencia, también me proporcionaron fuentes documentales e información sobre la historia del Chaco. Edgardo Cordeu y Edelmi Griva intercambiaron ideas y experiencias conmigo en Miraflores, en 1966. Esther Hermitte, del Instituto Torcuato di Tella, compartió su oficina conmigo en 1972, y de otras maneras me incitó a completar este trabajo. Alberto Schulz, de Resistencia, contribuyó enormemente a mi conocimiento de la flora chaqueña, y clarificó mucha de mi confusión sobre las plantas utilizadas de una manera u otra por los Tobas. Finalmente, Edgardo Perrín, de Presidencia Roque Sáenz Peña, ha sido un consecuente amigo y me dio una invalorable asistencia en mi adaptación lingüística y cultural al Chaco.

Es imposible agradecer a todos los Tobas que contribuyeron significativamente a este trabajo a través de muchas horas de compañerismo e intercambio. Quiero agradecer a aquellos cuya contribución ha sido explícitamente incorporada en este trabajo. Augusto Soria me dio mi nombre toba *(Toqos)* y me enseñó mucho de lo que sé sobre el chamanismo toba. Carlos Temai registró mitos y cuentos y contribuyó con invalorable información sobre las tradiciones tobas, incluyendo artefactos materiales ya en desuso. Pacheco Rodríguez me ayudó como asistente e intérprete de la lengua y cultura tobas. Aurelio López grabó una historia de su vida y relató sus ricas experiencias en la temprana formación del movimiento del culto. Carlos Moreno proporcionó valiosa información y asistencia en lo concerniente al chamanismo y a la visión del mundo tobas. Osvaldo Gómez grabó cuentos y refirió sus experiencias en el Chaco, ayudando a dar forma y a interpretar mis datos sobre chamanismo, brujería, tabúes y cosmología general. Bernardino López discutió conmigo categorías chamánicas y grupos regionales de parentesco, y me presentó a José Echeverría, quien me informó acerca de música toba tradicional, incluyendo la grabación de sus propias creaciones en un violín de lata de una sola cuerda.

Expreso, con enorme placer, mi profunda gratitud a cada una de estas personas.

Mis estudios de campo fueron sustentados de la siguiente manera: Junta Menonita de Misiones, Elkhart, Indiana, desde 1959 hasta 1963; 1 500 dólares de la Fundación Wenner-Gren y 1 000 dólares de la Universidad de Pittsburgh para viajes y equipo en 1966; 2 000 dólares de la Fundación Wenner-Gren para viajes, equipo y gastos y una licencia de estudio de la Universidad de Temple en 1972. Quedo también muy agradecido a cada una de estas instituciones por su apoyo.

Finalmente, reservo una especial palabra de estima para mi esposa Lois, quien viajó conmigo por las polvorientas y barrosas rutas del Chaco en nuestro admirable jeep IKA. Su compañía durante toda mi experiencia chaqueña, su ayuda en la interpretación y grabación de los materiales aquí presentados, han sido invalorables, y es a ella a quien dedico esta obra.

1. INTRODUCCIÓN

Este estudio trata de los indios Tobas del norte de la Argentina, y de sus esfuerzos para crear una cultura más viable por medio de un movimiento religioso de tipo revitalizador. El movimiento tomó forma durante los primeros años de la década de los cuarenta, cuando los patrones tradicionales de subsistencia y las estructuras de autoridad habían sido seriamente dislocados, y mientras nuevos patrones y estructuras estaban en proceso de formación. Las creencias religiosas y actividades asociadas con el movimiento representan un sincretismo de los puntos de vista tradicionales tobas sobre dueños de los animales, salud, enfermedad, chamanismo y cosmología general con modernos acentos pentecostales en la curación por la fe, la glosolalia y otras formas de posesión por espíritus. El movimiento tomó impulso durante las décadas de los cincuenta y sesenta hasta que, actualmente, todo asentamiento estable toba sostiene al menos un *culto* organizado (servicio religioso) que proporciona los medios primarios de integración social, tanto en los asentamientos como entre ellos.

Desde los primeros siglos de contacto con los europeos, el grupo toba aquí considerado ha ocupado las porciones orientales de las que son hoy las provincias del Chaco y de Formosa de la Argentina septentrional. Los únicos datos censales disponibles (Ministerio del Interior, 1968) indican una población de aproximadamente 18 000 habitantes.[1] Se los encuentra en unos sesenta asentamientos

[1] El censo, llevado a cabo en 1966-67, no es enteramente confiable debido al fracaso en resolver problemas metodológicos, de definición y logísticos. No obstante, éstos son los únicos datos de población disponibles. La cifra dada representa la información del censo, levemente modificada por mis propias observaciones.

formados como resultado de la colonización por inmigrantes europeos que siguió a la conquista militar argentina de la región del Chaco bajo la dirección del general Victorica (véase Victorica, 1885). En las últimas dos décadas, a medida que su situación económica se deterioraba seriamente, los Tobas han estado migrando en números cada vez mayores tanto hacia centros urbanos de la región del Chaco, como a las principales ciudades argentinas, especialmente a Rosario y Buenos Aires.[2]

Los Tobas argentinos están lingüística y étnicamente relacionados con otros tres grupos tobas, todos los cuales se denominan a sí mismos *qom* o *nam qom* ("la gente"): los Toba-Pilagá (Palavecino, 1933; Métraux, 1937; Henry, 1944), los Tobas bolivianos (Karsten, 1923; Shapiro, 1962), y los Emok-Tobas del Paraguay (Susnik, 1962).[3] Este estudio trata sólo de los Tobas argentinos, quienes comprenden una unidad cultural distinta, como se refleja en el dialecto, adaptación económica, organización

[2] Durante mi visita de 1972, localicé 420 Tobas en el área metropolitana del Gran Buenos Aires. Se me ha informado que el número posteriormente se incrementó.

[3] En noviembre de 1972 visité un grupo de los llamados Emok-Tobas de San Francisco de Asís, Paraguay. Conversamos en toba con perfecta facilidad, particularmente después de que reconocí unas pocas diferencias dialectales. El viejo jefe que fue mi interlocutor afirmó que durante todo el transcurso de su vida no había habido ninguna comunicación entre los Tobas argentinos y los paraguayos. Su padre le había contado que ellos habían migrado al Paraguay poco antes de que él naciera. Esta migración probablemente haya tenido lugar poco tiempo después de la conquista militar argentina de 1884. El grupo no reconoce el término Emok, que le ha sido asignado por los estudiosos paraguayos. Los Tobas bolivianos estuvieron localizados en las cabeceras de los ríos Pilcomayo y Bermejo desde los primeros siglos de contacto, como lo indican los mapas más antiguos (Furlong, 1936), lo que llevó a postular una división principal entre Tobas orientales y Tobas occidentales desde el período de contacto inicial (Serrano, 1947, p. 89). Los Toba-Pilagá, localizados en la parte occidental de Formosa y en la parte oriental de Salta (provincias del norte argentino) están más íntimamente relacionados —en patrones culturales y en lenguaje— con los Tobas bolivianos que con los Tobas argentinos, a los que aquí consideramos.

social, y en la adopción del movimiento religioso de tipo pentecostal aquí discutido.

El movimiento toba se ajusta a la noción de Wallace (1956) de revitalización, si bien la estructura del proceso que él esboza es demasiado general como para ayudar a analizar las actividades y creencias tobas. Varias dificultades conceptuales y metodológicas fueron encontradas al intentar utilizar el modelo de la revitalización para el análisis de los datos sobre los Tobas. Por ejemplo, Wallace habla de un esfuerzo "deliberado" para innovar la totalidad del sistema cultural, al grado de que una nueva *Gestalt* es formada "abrupta y simultáneamente en forma intencional" (Wallace, 1956, p. 265). La idea es que el sistema cultural anterior muere y uno nuevo nace a través de las visiones de un profeta que ha percibido "incongruencias internas" en su laberinto cultural. Se recalca el esfuerzo consciente de cambiar por entero un sistema cultural, poniendo primariamente atención en los procesos psicológicos más que en los sociológicos. Los datos sobre los Tobas, no obstante, sugieren que el proceso podría ser mucho menos consciente, al tiempo que menos ambicioso en sus designios, que lo que Wallace infiere. Se encontró que la distinción entre cambio deliberado y cambio gradual era imposible de ser usada operativamente a nivel analítico. Además, si bien los estadios podrían ser aplicados a los Tobas en una interpretación muy general, perdían su sentido en cualquier análisis significativo. No se estipula ningún mecanismo, por ejemplo, para discernir cuándo los factores de tensión se hacen ingobernables hasta el grado de hacer que la cultura se mueva desde un "estado estacionario" hasta una "distorsión". Mientras que Wallace sostiene que su "principio metodológico" involucra "análisis de casos" en los que son aisladas "unidades de conducta" que reflejan "atributos humanos genéricos" (Wallace, 1956, p. 268), el método no está explicitado en una manera tal que pueda permitir su aplicación sistemática en estudios interculturales.

A pesar de estas dificultades, Wallace ha proporcionado

muchas ideas e intuiciones útiles que han contribuido a una comprensión más clara de los cambios experimentados por los Tobas, y que permiten una comparación con sucesos similares en todo el mundo. Estas ideas fueron utilizadas en la organización de este trabajo y en el análisis de las creencias y acontecimientos asociados a la experiencia toba. En particular, la noción de "estado estacionario", en el cual un sistema sociocultural funciona manteniendo las tensiones de todo tipo en un nivel gobernable, y la necesidad de medidas más drásticas cuando esto ya no es posible, formaron la columna vertebral de los capítulos siguientes. La atención puesta en nuevos liderazgos, en los procesos adaptativos de un movimiento, y en la eventual rutinización de ellos contribuyeron también al análisis y presentación de los presentes datos sobre los Tobas.

Smelser (1962) contribuyó con un modelo conceptual que permite un análisis más específico que el que posibilita Wallace. Su proposición básica es que "las gentes sometidas a tensiones se movilizan para reconstituir el orden social en nombre de una creencia generalizada" *(ibid.,* p. 85). La característica definitoria de cualquier movimiento social o de lo que Smelser llama "conducta colectiva" es, por lo tanto, "el tipo de creencia bajo la cual la conducta se pone en movimiento" *(ibid.,* p. 383). Esta idea fue particularmente útil, ya que los esquemas analíticos generalmente se concentran en los factores sociales y económicos más que en los sistemas de creencias tomados como tales. La atención prestada a las creencias fue esencial para comprender la experiencia toba.

El modelo de Smelser consiste en dos partes esenciales: *1*] una clasificación de la conducta colectiva, y *2*] una reseña de los "determinantes" específicos asociados con cualquier acontecimiento colectivo. Se distinguen cinco tipos de conducta colectiva: *pánico,* definido como "una huida colectiva basada en una creencia histérica" *(ibid.,* p. 131); *locura,* o "movilización para la acción basada en una creencia positiva en que los deseos se cumplirán" *(ibid.,* p. 171); *estallidos hostiles,* definidos como "movilización para la acción bajo una creencia hostil" *(ibid.,* p. 226); *movimientos orientados hacia las normas,* los cuales representan "un intento para restaurar, proteger, modificar o crear normas en nombre de una creencia generalizada" *(ibid.,* p. 270); y *movimientos orientados hacia los valores,* los cuales "intentan restaurar, proteger, modificar o crear valores en nombre de una creencia generalizada" *(ibid.,* p. 313).

En el esquema clasificatorio de Smelser, tanto como en su concepto de determinantes, es central su comprensión teórica de los componentes de la acción social. Basándose en la definición de Parsons y Shils, Smelser identifica "cuatro componentes básicos de la acción social": *1*] *valores,* "las guías más vastas para la conducta social intencional"; *2*] *normas,* "los preceptos reguladores que gobiernan la prosecución de esos propósitos"; *3*] *organización,* "movilización de la energía individual para lograr los fines definidos dentro del sistema normativo"; y *4*] *facilidades,* "las *facilidades situacionales* disponibles, que el actor utiliza como medios" *(ibid.,* p. 24). Estos componentes están sistemáticamente relacionados uno con otro en forma jerárquica, de manera que la redefinición del componente de la acción social en el nivel inferior puede ocurrir sin requerir un reajuste en los órdenes superiores, mientras que lo contrario no puede suceder. Así, si un reajuste tiene lugar en el nivel máximo (es decir, los valores), un reajuste será asimismo requerido en los niveles inferiores de normas, organización y facilidades. Además, cuando el reajuste no es satisfactorio en un nivel inferior de la acción social, se hacen presiones para producir ajustes en un nivel superior. Desde este punto de vista, los movimientos orientados hacia valores representan los cambios más completos para una sociedad, porque todos los componentes de la acción están necesariamente involucrados. Como afirma Smelser, la creencia asociada con un movimiento orientado hacia los valores "considera una reconstrucción de valores, una redefinición de normas, una reorganización de las motivaciones del individuo, y una redefinición de las facilidades situacionales" *(ibid.,* p. 313). El componente en el nivel supremo es, por lo tanto, el componente central para la integración del orden social.

En la segunda parte del modelo se propone una serie de determinantes, que son los que llevan a un tipo determinado de respuesta colectiva en vez de a otra. Estos determinantes son: *1*] "conductividad estructural" (los movimientos religiosos tienen lugar en un contexto en el cual predominan patrones religiosos de pensamiento); *2*] "tensión estructural" (significativamente relacionada con la conductividad estructural, más que con factores de tensión en general); *3*] crecimiento y propagación de una "creencia generalizada" (puede ser un "rumor", una "ideología", o "magia institucionalizada", que procura "reducir la ambigüedad creada por condiciones de tensión estructural" y "prepara individuos para la acción colectiva" *(ibid.,* pp. 80-82)); *4*] "factores precipitadores" (un hecho dramático que haga estallar el movimiento); *5*] "movilización de participantes para la acción" (papel del liderazgo); y *6*] la "operación del control social" (la fuerza de determinantes opuestos a los previamente enumerados). Estos determinantes se muestran operando en un "proceso de agregación de valores" (un concepto tomado de la economía) en el cual cada determinante es necesario para que el siguiente opere de una manera específica. La sucesión específica y el tipo de acontecimiento permiten una gama decreciente de respuesta. Así, a medida que "las condiciones necesarias se acumulan, la explicación del episodio se hace más determinante" *(ibid.,* p. 382).

La ventaja de este modelo es que un movimiento social particular puede ser analizado en términos de un proceso social que se hace cada vez más específico a medida que el movimiento cristaliza, de tal manera que la gama de reacciones posibles se ve angostada a una escala operacional. Uno de los problemas encontrados al aplicar el modelo fue que el movimiento toba representaba un ejemplo clásico de movimiento orientado hacia los valores, ya que involucraba el espectro entero de la acción social, y parecía haberse focalizado en la reformulación de fines que guiaran la acción social en general, si bien la distinción entre acción orientada hacia los valores y acción orientada hacia las normas fue extremadamente difícil de mantener. Además, fue necesario reordenar los determinantes, superponiéndolos algunas veces, para poder representar fielmente la situación toba. No obstante, los tipos de acción colectiva de Smelser, sus determinantes de la acción, su aplicación de la agregación de valores, y la atención global puesta sobre el poder motivador de creencias específicas, contribuyeron enormemente a la comprensión y presentación de los datos sobre los Tobas.

Mientras que Wallace y Smelser proporcionaron las herramientas conceptuales esenciales para este estudio, junto con la bibliografía sobre privación, sincretismo y liderazgo carismático, la verdadera base constituyente de la investigación fue conformada alrededor de dos problemas. Estos problemas fueron: *1*] ¿Por qué el pentecostalismo proporcionó la síntesis creadora capaz de desencadenar el movimiento toba mientras que las misiones católicas, Emmanuel y menonita fracasaron a pesar de sus esfuerzos más intensivos?, y *2*] ¿Por qué el movimiento surgió justo en ese momento particular de la historia toba? Las respuestas a estas preguntas deberán iluminar la naturaleza de los movimientos religiosos y las situaciones sociales que los generan. Otro tema organizador fue la noción de armonía, la cual parece describir con la mayor precisión las actitudes y acciones de los Tobas con respecto a su medio ambiente. Los Tobas tratan de ponerse a tono con el medio natural en el que se encuentran, más que de controlarlo. Un afinado canto armónico es también característico del nuevo culto. Hechas estas observaciones, resulta apropiada la utilización de términos musicales como armonía, disonancia y acorde para sistematizar los datos sobre los Tobas.

Los modelos utilizados y los problemas planteados obviamente indican una aproximación empírica a los datos sobre los Tobas. El autor tiene plena conciencia de que la siguiente relación descriptiva refleja sus propias preferencias e intereses. Se espera, no obstante, que el producto final suene tan auténtico para el lector toba (admitiendo variaciones regionales) como para aquellos que, no siendo Tobas, hayan tenido el privilegio de compartir esta experiencia.

Las fuentes primarias de información para este estudio fueron la observación participativa, entrevistas y documentos. Durante los últimos quince años he compilado y anotado bibliografía referente a los Tobas, la cual hoy incluye más de setecientos ítem en diez lenguajes diferentes. Estos materiales proporcionaron la perspectiva histórica dentro de la cual fue analizado el movimiento religioso contemporáneo. Desgraciadamente, no hay para los Tobas un estudio etnográfico sistemático de los primeros siglos de contactos, tal como el proporcionado por Dobrizhoffer para los Abipones (1784). La información debe, por lo tanto, ser entresacada de referencias fragmentarias de sacerdotes, viajeros, exploradores y soldados, la mayoría de los cuales tuvo contactos limitados con los Tobas.

Mis experiencias entre los Tobas incluyen tres viajes de campaña. El primero desde marzo de 1959 hasta agosto de 1963, el segundo desde mayo hasta agosto de 1966, y el tercero desde mayo hasta diciembre de 1972. Durante el primer viaje, mis experiencias incluyeron la observación participativa en todos los asentamientos tobas de carácter estable de las provincias de Chaco y Formosa, con un más detallado conocimiento y familiarización con los siguientes (véase mapa): Sáenz Peña, Colonia Chaco, Pampa Aguará, Legua Diecisiete, Legua Quince, Lavalle, Pampa del Indio, Pampa Argentina, Pozo Toro, Miraflores y Resistencia, en la provincia del Chaco, y Colonia Aborigen Bartolomé de las Casas y Riacho del Oro, en la provincia de Formosa. En 1972 también visité asentamientos tobas urbanos en Buenos Aires, Rosario, Resistencia, Formosa y Castelli. En mis dos últimas campañas me atuve a entrevistas con informantes seleccionados. Éstos fueron de dos tipos básicos: líderes y no líderes. Los primeros incluyen tanto chamanes jefes *(pi'oxonaq)* como líderes religiosos contemporáneos *(dirigentes)*, subdivididos como sigue: *1*] *pi'oxonaq* tradicionales, inicialmente renuentes a unirse al movimiento religioso, pero que luego se adhirieron a él, si bien no en calidad de *dirigentes; 2*] *pi'oxonaq* "convertidos" al movimiento, que dirigen congregaciones locales; *3*] *pi'oxonaq* que no se han unido al movimiento y que permanecen mayormente indiferentes a él; *4*] *pi'oxonaq* que participaron en un tiempo pero que luego se desilusionaron, y que en su mayoría se volcaron a una acción más estrictamente social y política; *5*] *dirigentes,* generalmente con buen dominio del castellano, que dirigen congregaciones locales. La mayor parte de los últimos eran hombres de la generación intermedia y jóvenes que adoptaron muchos valores criollos, rechazando en gran parte el chamanismo tradicional.[4] Hay más de cincuenta de esos líderes a quienes he visitado y entrevistado ampliamente. La mayoría de las entrevistas extensas y detalladas fueron hechas con los *dirigentes* de los asentamientos enumerados más arriba.

Los no líderes, esto es, los legos, pueden ser divididos en tres grupos, según su participación en el movimiento: participantes regulares, participantes esporádicos y no participantes. Los primeros dos grupos representan la gran mayoría; esta proporción también está representada en mis datos de campo. Los pocos no participantes con los cuales me fue dado establecer relación, no obstante, proporcionaron valiosa información. La mayoría de mis informantes fueron hombres, mientras que mi esposa estableció relación con las mujeres. Las pocas entrevistas que tuve con mujeres tobas fueron siempre hechas en presencia de los hombres.

En el texto siguiente, las palabras de los informantes

[4] El término criollo no es usado con el mismo sentido en la Argentina que en otras partes de Sudamérica. Aquí se refiere a los individuos de las clases media baja y baja que viven en el norte de la Argentina y que no reivindican antecesores inmediatos ni de pueblos aborígenes ni de europeos.

serán identificadas según las categorías mencionadas. Aparte de las referencias específicas mencionadas en la sección de agradecimientos, he decidido no identificar personalmente a los informantes, con el fin de ahorrarles la menor dificultad concebible. De acuerdo con la descripción precedente, la clave será como sigue:[5]

I:1 *Pi'oxonaq* (chamanes jefes) que participan pero que no dirigen congregaciones locales.
I:2 *Pi'oxonaq* que dirigen congregaciones locales.
I:3 *Pi'oxonaq* que no participan ni han participado.
I:4 *Pi'oxonaq* que han participado pero que ya no lo hacen.
I:5 *Dirigentes* (líderes de la iglesia) que dirigen congregaciones locales.
II:1 Participantes legos regulares.
II:2 Participantes legos esporádicos.
II:3 Legos no participantes.

Además de los informantes tobas, he entrevistado a misioneros y pastores protestantes que habían tenido estrecho contacto con el movimiento toba a través de los años; comerciantes y agricultores criollos que habían tenido tratos económicos con los Tobas; maestros de escuelas rurales que habían enseñado a niños tobas; y una gran variedad de vecinos no tobas cuyos contactos con ellos fueron más informales. Los estudiosos argentinos proporcionaron información en temas de su propio dominio.

[5] Hay que observar que estas categorías han permanecido marcadamente fijas durante todo el período en que he tratado con los Tobas (desde 1959 hasta el presente).

2. LA ARMONÍA ENTRE EL HOMBRE Y LA NATURALEZA

La intención de este capítulo es delinear el escenario dentro del cual ha de ser interpretada la actividad religiosa contemporánea. Atendemos al medio ambiente del Chaco y al tipo de adaptación cultural que los Tobas habían logrado antes de la conquista y la colonización. Sostenemos que los Tobas han sido —y aún son— muy sensibles a su medio físico. Eran verdaderos ecólogos mucho antes de que esta palabra fuese inventada por los occidentales. Los Tobas constituyeron sus nociones fundamentales sobre el universo y sobre su lugar en él a partir de un intenso contacto diario con la naturaleza de su medio. La naturaleza controla y conforma al hombre, en contraste con el punto de vista occidental de que el hombre domina a aquélla. El mundo natural del Chaco proporcionó una gran variedad de especies vegetales y animales susceptibles de ser explotadas, si bien constantemente fue hecho un esfuerzo consciente para no llegar a la sobreexplotación. Si especies vegetales o animales estaban enfermas o en peligro de agotamiento, la banda toba tradicional migraba hacia un nicho más saludable. Esto requería una comunicación diaria con la naturaleza. De aquí que la cultura toba en su conjunto —incluyendo el arte, la música, el ritual y la organización económica y social— estuviera modelada por la comunicación directa con el mundo natural. Fue esta relación la que proporcionó a los Tobas una existencia auténtica. No había sustitutos: sólo el hombre y la naturaleza. La naturaleza era el actor y el hombre el receptor. Esta actitud aparentemente pasiva hacia la naturaleza sería luego erróneamente interpretada por los europeos como pereza y falta de iniciativa.

EL ESCENARIO CHAQUEÑO

La región del Gran Chaco de la América Meridional es una vasta llanura delimitada hacia el este por los ríos Paraguay y Paraná, hacia el norte por las estribaciones meridionales de Chiquitos y la meseta del Mato Grosso, hacia el oeste por los contrafuertes orientales de las sierras subandinas, y que presenta hacia el sur una transición gradual hacia la Pampa argentina. La región está subdividida a su vez en tres subáreas: el *Chaco Boreal,* al norte del río Pilcomayo; el *Chaco Central,* entre los ríos Pilcomayo y Bermejo; y el *Chaco Austral,* al sur del río Bermejo (véase mapa).

Los ríos Pilcomayo, Bermejo y Salado se originan en los Andes, divagan por el Chaco y desembocan en el Paraguay y el Paraná. Abastecen de agua los numerosos cauces secos, cañadas y lagunas durante la estación de las crecidas. Gran parte del suelo alrededor de los pantanos y lagunas desecados está cubierta por una costra de sal, y el agua potable escasea en todas partes. Los ojos de agua se secan de repente, forzando a los habitantes a migrar. El clima es seco, particularmente en la región occidental, y muy caluroso. La precipitación media anual asciende a 600 mm en el oeste y a 1 200 mm en el este. Temperaturas uniformes de 35°-40° son frecuentes durante los meses de verano, cuando el cálido viento norte abrasa la zona. Durante los meses de invierno se dan algunas heladas.

El Chaco es conocido por sus *montes* de maderas duras. Las más famosas de ellas, el quebracho colorado chaqueño *(Schinopsis balansae)* y el quebracho colorado santiagueño *(Schinopsis lorentzii)* contienen tanino y cimentan una de las principales industrias de la región. Otra madera dura, el lapacho *(Tabebuia ipe),* adorna la primavera con sus lujuriantes flores violetas. La oscura madera verde-azulada del palo santo *(Bulnesia sarmientoi)* conserva su fragante perfume por períodos increíblemente largos y es conocida por su valor medicinal y comercial. Otras maderas duras de la región incluyen el quebracho blanco *(Aspidosperma quebracho-blanco)*, el itín o carandá *(Prosopis kuntzei)*, el espinillo o ñandubay *(Prosopis algarrobillo)*, el vinal *(Prosopis ruscifolia)*, el urunday *(Astronium balansae)* y el guayacán *(Caesalpinia paraguariensis)*.

Los algarrobos blanco y negro *(Prosopis alba* y *Prosopis nigra)*, productores de vainas comestibles, de madera menos dura y útil para trabajos de carpintería, la aromita *(Acacia aroma)*, el chañar *(Gourliea decorticans)* y el mistol *(Zizyphus mistol)* surten a los aborígenes de una considerable variedad de frutos de estación. El cardo gancho *(Bromelia serra)* y el caraguatá *(Pseudoananas macrodontes)* proporcionan valiosas fibras textiles, mientras que las raíces del yacón *(Iacaratia hassleriana)* proporcionan agua a más de metro y cuarto de profundidad cuando ésta no se puede hallar en ninguna parte. El coro o petén *(Nicotiana alata?)* suministra tabaco para las pipas aborígenes.

La fauna característica del Chaco incluye el yaguareté o tigre *(Panthera onca palustris)*, el gato morisco o eyrá *(Herpailurus yaguarondi yaguarondi)*, el gato onza u ocelote *(Leopardus pardalis chibigouazou)*, el puma *(Puma concolor osgoodi)*, el gato montés *(Oncifelis geoffroyi)*, el oso hormiguero gigante *(Myrmecophaga tridactyla tridactyla)*, el oso hormiguero pequeño *(Tamandua tetradactyla chapaderensis)*, varias especies de cuises *(Galea musteloides, Cavia tschudii sodalis, Cavia pamparum)*, varias especies de monos *(Alouatta caraya, Cebus paraguayanus, Aotus azarae)*, varias especies de armadillos, incluyendo el tatú carreta *(Priodontes giganteus)*, el tatú mataco *(Tolypeutes matacus)* y la mulita *(Dasypus mazzai)*, varias especies de cérvidos, incluyendo el ciervo *(Blastoceros dichotomus)*, el venado *(Ozotoceros bezoarticus)* y el guazuncho *(Mazama americana rosi)*, el chancho de monte *(Pecari tajacu)*, el pecarí *(Tayassu pecari)*, el ñandú o avestruz americana *(Rhea americana albescens)*, diversas perdices *(Tinamus solitarius,* varias especies de *Crypturellus* y *Rhynchotus)*, zorros *(Cerdocyon)*, además de muchos otros mamíferos y aves me-

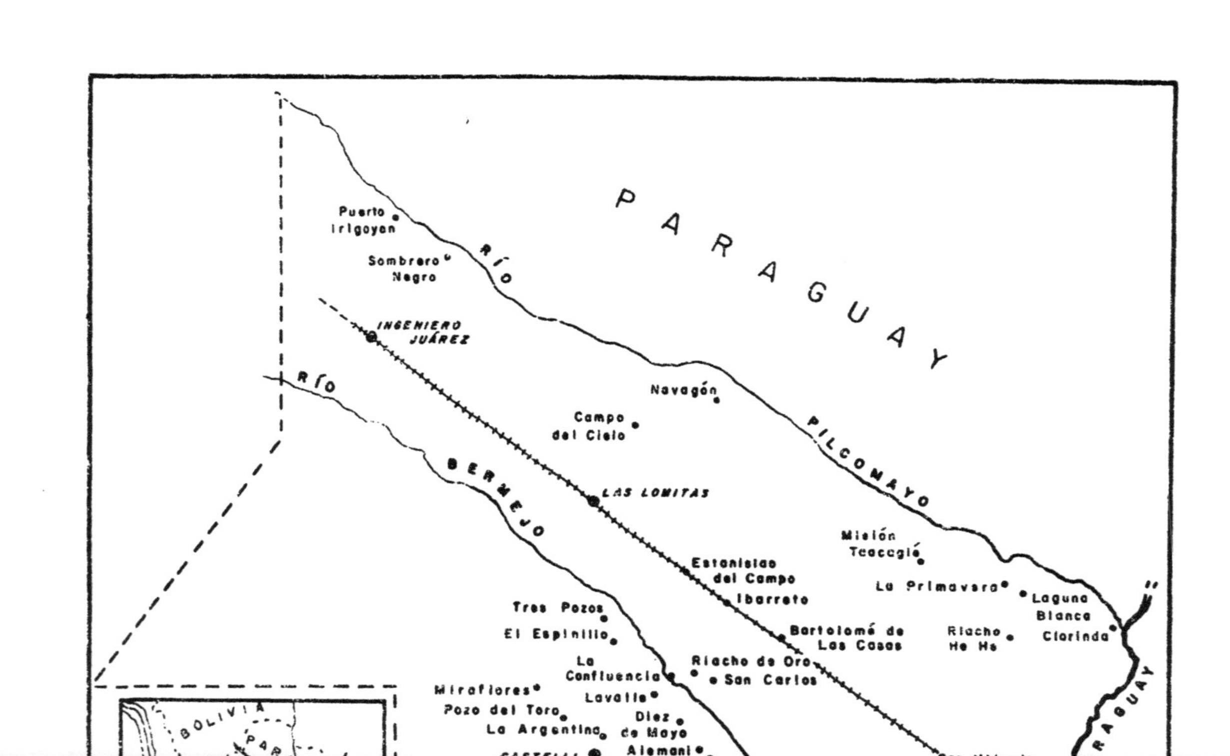
PARAGUAY
RÍO PILCOMAYO
RÍO BERMEJO
Puerto Irigoyen
Sombrero Negro
INGENIERO JUÁREZ
Navagón
Campo del Cielo
LAS LOMITAS
Misión Teacogié
Estanislao del Campo
Ibarreta
La Primavera
Laguna Blanca
Clorinda
Riacho He He
Bartolomé de Las Casas
Riacho de Oro
San Carlos
Tres Pozos
El Espinillo
La Confluencia
Miraflores
Lavalle
Pozo del Toro
Diez de Mayo
La Argentina
Alemani
BOLIVIA

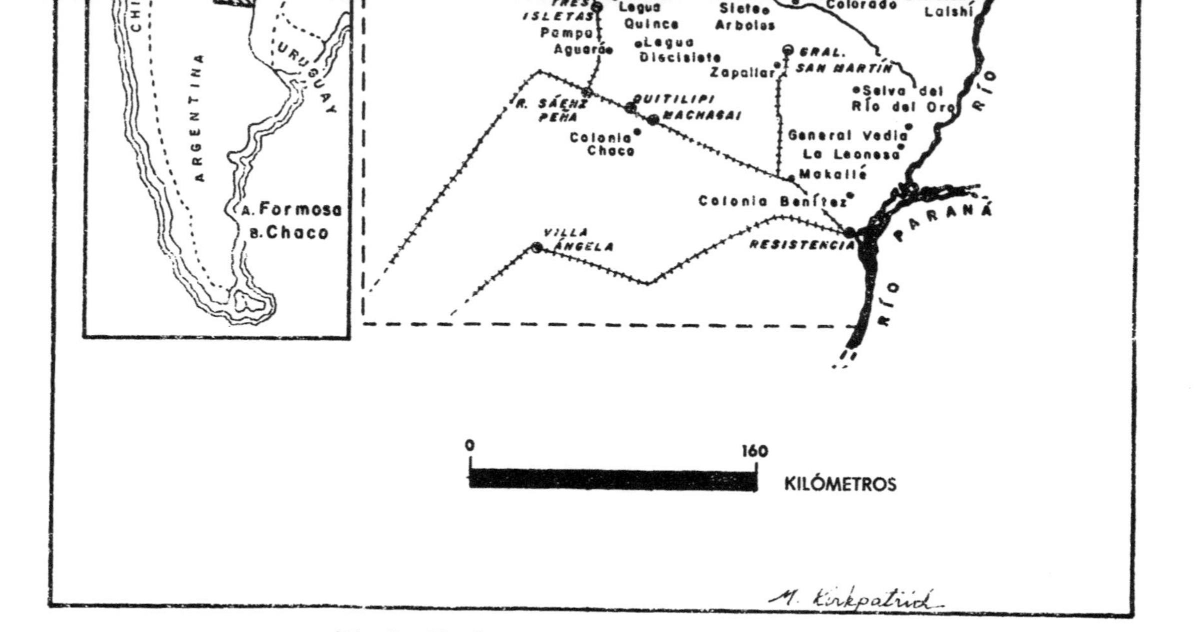

Distribución de centros urbanos y asentamientos tobas en las provincias del Chaco y Formosa (1971).

nores. Los reptiles representativos incluyen las serpientes yarará (varias especies de *Lachesis*), coral (*Micrurus corallinus*) y cascabel (*Crotalus terrificus*), la boa lampalagua (*Constrictor constrictor occidentalis*), el yacaré (*Caiman sclerops* y *Caiman yacare*) y la iguana (*Tupinambis teguixin*).

La caza mayor, tradicionalmente fuente importante de alimentos para los aborígenes, se ha vuelto extremadamente escasa en las regiones central y meridional, si bien la caza menor, las aves y los peces aún abundan.

Durante los siglos recientes de contacto con los europeos, dos grupos lingüísticos principales dominaron el Chaco, tanto numérica como políticamente. El Mataco-Mataguayo, ubicado principalmente en la región occidental, se distingue lingüística, étnica y racialmente del otro grupo, más extenso, el Guaycurú. Éste comprende los hoy extinguidos Abipones, Mbayás y Payaguás, y a los contemporáneos Tobas, Pilagás y Mocovíes. La tribu dominante del grupo lingüístico Guaycurú ha sido siempre la de los Tobas. Los Mocovíes constituyen un pequeño grupo aislado que se encuentra en la región meridional del Chaco, en el área de Villa Ángela, si bien desde la formación de la colonia aborigen de Napalpí en 1911 algunas familias han residido allí, y algunos de sus miembros han realizado matrimonios mixtos con los Tobas. Los Pilagás viven en la provincia de Formosa, al noroeste del grupo toba que aquí consideramos. Su lengua está aún más íntimamente relacionada con el toba que el mocoví. Si bien las palabras se acentúan en forma diferente y hay algunas variaciones fonémicas, una vez conocidas éstas la comprensión es fácilmente posible.

EL SISTEMA ADAPTATIVO TOBA

Antes de la conquista y colonización, los Tobas vivían en bandas bilaterales compuestas de un número variable de familias extensas. Estas bandas erraban a través de un territorio conocido, reuniéndose para formar unidades sociales más grandes para celebrar la estación de la algarroba, y cuando los cardúmenes de peces remontaban los ríos. A pesar del quebranto demográfico bastante rudo que siguió a la colonización, muchas denominaciones tradicionales de bandas persisten hasta la actualidad. En efecto, todo Toba contemporáneo es capaz de identificarse con un subgrupo denominacional de algún tipo, aun cuando él no tenga generalmente en claro cómo fue reclutado. Las categorías denominacionales son de dos tipos: términos regionales/direccionales y términos de función. Los primeros corresponden groseramente a las subregiones ecológicas, mientras que los últimos están asociados con funciones de subsistencia u ocupacionales.[6] Los términos de función comprenden grupos de parentesco, específicamente bandas, las que tendían a ser endógamas hasta décadas recientes. Los Tobas más viejos afirman que los matrimonios exógamos son problemáticos, y un muestreo al azar sobre más de cincuenta parejas casadas de más de cuarenta años de edad mostró que más de 80% eran endógamas dentro de la misma banda. La ruptura reciente de esta regla ha ocurrido principalmente en asentamientos pasajeros y en poblaciones urbanas.

Excepto durante los tiempos de crisis, tales como escasez de alimento o guerra, en que surgían jefes poderosos con muchos seguidores, el liderazgo tradicional estaba limitado a los jefes de familia extensa, quienes heredaban la posición pero debían confirmar su estatus mediante la demostración de habilidad excepcional y coraje en la caza y en la cura de enfermedades. Su reputación estaba basada en la utilización del conocimiento y del poder para el bien del grupo. Nunca les era dado acumular riquezas, ya que debían compartir sus bienes en la medida en que surgiese la necesidad. Las decisiones que involucraran al grupo o el arreglo de disputas no se

[6] Para una discusión de estas categorías de parentesco, véase Miller (1973*b*); para una comprensión de los términos de parentesco tobas, véase Miller (1966).

resolvían arbitrariamente ni se imponían. Más bien los líderes eran sensibles a la opinión pública, y generalmente proponían lo que era ya consenso general. Los conflictos entre líderes invariablemente concernían a acusaciones de brujería.

Los hombres cazaban, recolectaban miel silvestre y pescaban. Las presas más codiciadas incluían avestruces, ciervos, pecaríes, tapires, armadillos gigantes, varios roedores y aves silvestres. La miel era altamente valorada, hasta el extremo de distinguirse catorce tipos distintos. Se la buscaba en colmenas esféricas que colgaban de los árboles, en agujeros de los troncos y bajo tierra. Seguían —y siguen— el vuelo de las abejas en el monte hasta descubrir la colmena y extraer la miel. El pescado se ubicaba más bajo en el orden de preferencia, si bien aquellos grupos que vivían cerca de los ríos eran expertos en su pesca y preparación. La tecnología de la caza incluía arcos y flechas con puntas de madera, lanzas, mazas y propulsores. Las boleadoras parecen haber sido introducidas tardíamente, y no tenían un uso generalizado. La tecnología de la pesca incluía el arco y la flecha, redes de fibras, lanzas y cañas de pescar.

Las mujeres practicaban la recolección, preparaban la comida, tejían las fibras y la lana, y criaban a los niños. Ellas recolectaban vainas de algarroba *(amap)*, frutos de chañar *(tacai)*, tunas *(tacala)*, mistoles y otras frutas y tubérculos. Llevaban largas varas de madera con puntas biseladas para voltear las ramas y para sacar los tubérculos. Lo recolectado se llevaba en grandes bolsas de caraguatá que se portaban al hombro. Redes alargadas de caraguatá se usaban para quitar las peligrosas y aguzadas espinas de las pencas de cactácea. Se cultivan ahora maíz, frijoles, calabazas, batata (camote), mandioca y sandía, los que proporcionaban los productos alimenticios estables durante su estación.

Las mujeres tradicionalmente eran excelentes fabricantes de bolsas tejidas y redes de la planta de caraguatá *(qotaquí)*. Las fibras eran separadas con las uñas, remojadas en agua y luego machacadas y raspadas con un cuchillo o concha. El algodón y la lana eran hilados a mano y usados para tejer fajas, arte aún practicado, si bien hoy se emplea por lo común hilo comercial. El arte de la alfarería, en un tiempo bien desarrollado entre las mujeres tobas, prácticamente ha desaparecido en las áreas rurales, pero la alfarería, la cestería y el tejido han renacido en los asentamientos urbanos, para venta a los turistas.

Dos valores fundamentales dominaron las creencias y actividades de los Tobas durante este período: *1*] el mantenimiento de la armonía y el equilibrio entre el hombre y el orden natural, y *2*] el interés por el bienestar de los parientes. Quizás sería más preciso hablar del mantenimiento de la armonía dentro del orden natural, ya que los Tobas se consideran parte de la naturaleza, no diferenciados de ella. La responsabilidad primaria de este mantenimiento estaba en manos de los chamanes *(pi'oxonaq)*, quienes estaban en comunicación constante con los seres y poderes espirituales. Estas potencias espirituales ayudaban a los hombres en tiempos de peligro y confusión, en la búsqueda del alimento, en la identificación y cura de dolencias y enfermedades, y en la fermentación de la algarroba y la miel silvestre, que permitían al hombre alcanzar el éxtasis y liberarse del mundo común y cotidiano de su existencia.

La comunicación entre el hombre y la naturaleza, no obstante, no estaba limitada al chamán. Involucraba una interacción directa y diaria para todos. Los cantos de los pájaros, por ejemplo, no eran apreciados sólo por su calidad estética, sino que además informaban al hombre sobre hechos significativos en la vida cotidiana. Un pájaro señalaba la presencia de extraños en las cercanías; otro anunciaba el arribo inminente de amigos o parientes; otro más indicaba si sería o no seguro emprender un viaje, dependiendo de su "risa" o "llanto". Aun otro poseía tres cantos distintos: uno señalaba el peligro, alertando al hombre sobre víboras u otros animales peligrosos; el segundo aludía a estómagos llenos, asegurando el éxito en la caza; el tercero anunciaba la llegada del frío o la helada. Cuando los pájaros estaban alegres, contagiaban su entusiasmo a los Tobas; cuando estaban tristes, los Tobas esperaban hechos y experiencias desagradables. Aún hoy, no es raro que las conversaciones se interrumpan debido a escaramuzas o cantos de pájaros. Cuando un pájaro escapa a la persecución de uno más fuerte, todo el mundo aplaude contentísimo.

En esta relación, la naturaleza contiene pocas sorpresas para el hombre. Es comprendida y aceptada por lo que puede ofrecer: subsistencia básica, información concerniente a felicidad o sufrimiento potenciales y asistencia en la defensa contra el sempiterno peligro de la brujería. Por estas razones los Tobas valoran tanto las relaciones armónicas con la naturaleza. Cuando la armonía es amenazada, ya sea por la acción del hombre o por acontecimientos de la naturaleza en sí, se hacen intentos para restablecer el equilibrio armónico a través de la actividad chamánica. Si ésta fracasa, la armonía es buscada migrando hacia un nuevo hábitat. El indicador más obvio de la armonía amenazada ha sido la dolencia física, ya sea en humanos, animales o plantas. Esta observación ayuda a explicar la tremenda preocupación por la enfermedad y la dolencia en el culto contemporáneo. El procedimiento curativo del chamán involucra la comunicación con su espíritu compañero *(ltaxayaxaua)*, ya sea un espíritu de difunto o el señor de un animal, quien está en posición de identificar la fuente del mal y eliminar la agresión, restaurando así el equilibrio y la armonía. En este contexto, el bienestar de los parientes está íntimamente identificado con el de uno, ya que la enfermedad y el sufrimiento de otros miembros del grupo representa una amenaza al propio bienestar. Este último valor —interés por el bienestar de los parientes— está expresado en el hecho de que los bienes materiales se comparten libremente y en la pronta asistencia que se da a los parientes enfermos.

En la sociedad toba han surgido varios especialistas para desempeñar el importante papel de intermediario entre el hombre y la naturaleza. Éstos se ubican en tres categorías básicas: *1*] chamanes, *pi'oxonaq,* cuyos poderes pueden tanto curar como dañar; *2*] curanderos, *natannaxanaq,* quienes sólo pueden curar; y *3*] brujos, *'enaxanaxai,* quienes solamente dañan.

Con mucho, la categoría principal está constituida por los *pi'oxonaq* y su correlato femenino las *pi'oxonaxa,* que curan por ensalmo.[7] La raíz de este término es probablemente *-pigoq,* "chupar", lo que indica la actividad primaria involucrada. El *pi'oxonaq* gana su poder en asociación con un espíritu compañero *(ltaxayaxaua).* Dentro de esta amplia categoría hay también subtipos. Éstos incluyen el *dadalaic,* un novicio con cierto grado de poder adquirido principalmente a través de sueños, pero que todavía no posee un espíritu compañero; el *napinshaxaic,* quien muestra poder *(napinshic),* indicando una asociación con fuentes de poder; y el *'oiquiaxai,* quien demuestra un conocimiento y poder excepcionales por medio de la asociación con espíritus de difuntos *(nnatac).* No obstante, estos subtipos no son totalmente de fiar, puesto que pueden engañar y manipular debido a la falta de apoyo de genuinas fuentes de poder.

Se puede llegar a ser *pi'oxonaq* de alguna de las dos siguientes maneras: *1*] heredando el poder de un chamán practicante, usualmente de padres a hijos o nietos, o *2*] siendo seleccionado por un ser espiritual que opta por revelarse a sí mismo y se vuelve un compañero constante *(ltaxayaxaua).* La primera manera generalmente involucra la implantación de un objeto de poder, frecuentemente durante la infancia, el cual crece hasta la madurez junto con el individuo. El objeto es denominado *nshitaxat,* de la raíz *-shit,* "dotado de poder". La siguiente narración literal indica esta primera manera de reclutamiento:

[7] Los Tacshic, a lo largo de la banda occidental de los ríos Paraguay y Paraná, pronuncian estos términos *qui'oxonac* y *qui'oxonaxa.*

Cuando yo era un niño muy pequeño estaba enfermo y nada podía curarme. Un día mi abuelo, el famoso Cacique Cabral, puso saliva en mi boca y me llamó *Choxonnatac*. Yo era muy chico como para darme cuenta, pero me lo dijeron cuando crecí. Me curé, y a medida que crecía esta virtud *(napinshic)* creció conmigo y se tornó en mi compañero *(ñinaigaxaua)*.[8] Este poder vino de *no'ouet*, quien era el espíritu compañero *(ltaxayaxaua)* de mi abuelo. Cuando mi abuelo murió ya viejo, todo su poder pasó a mí. Fue difícil saber si mi compañero era toba *(qoml'ec)* o blanco *(doqshil'ec)*, ya que él me hablaba en los dos idiomas.† (Informante I: 2.)

De esta narración se infiere que el objeto de poder proporcionaba un poder cada vez mayor durante la vida del chamán, pero que su poder real sólo le llegó una vez que su abuelo hubo muerto y que el espíritu compañero hubo pasado a él.

La siguiente narración describe la segunda manera de reclutamiento, al mismo tiempo que el procedimiento de curación en sí:

Cuando yo estaba en Santo Domingo y todavía no me había casado vino un "hombre" diciéndome que él me daría poder para curar. Tenía un cuerpo como el de un hombre, un rubio. Dijo que me daría poder para curar tanto a indios *(qom)* como a blancos *(doqshi)*. Allí, en el ingenio azucarero La Esperanza, en San Pedro, provincia de Salta, curé a mucha gente, y me querían mucho. El "hombre" me dijo que nunca debería buscar a la gente enferma, sino que debería esperar a que me los trajeran. Él no era un ser de la tierra *('alhual'ec)* sino un ser del campo *(no'onaxal'ec)*. Siempre lo encontré en el campo; debe haber venido del cielo. Él viene a nuestra casa. Mi mujer y los niños oyen su voz pero nunca lo ven. Llega cuando todos estamos juntos sentados afuera, y todos

[8] De la raíz *-naic*, "acompañar". En este contexto, el "acompañante" lleva la implicación de un don que entraña poder, no muy diferente de la noción de carisma.

† Este signo señalará en adelante los textos, originalmente en español o en toba, que han debido ser traducidos de la versión inglesa. [E.]

escuchamos su voz y su consejo.[9] Él me da poder; no es mi poder sino el de él. Tiene una voz alta, fuerte, y siempre dice: "Si tú cuidas a los enfermos, yo te cuidaré a ti." Su nombre es Sevestino. Se acerca a mí hablándome en español, pero también habla toba. Yo siempre lo veo, pero el resto de mi familia sólo lo escucha. Sólo cuando hay enfermos lo llamo y él viene. No viene a menos que yo lo llame con el propósito de curar a alguien. Nunca lo llamo por exhibicionismo o con propósitos fraudulentos. No soy estúpido. Su único trabajo es curar. Me aconsejó que dejara de tomar vino, llamándolo veneno. Si tomo, él se enojará. Ni siquiera fumo. Ni tampoco trabajo con medicina. Él siempre anuncia "vamos a sanar", y en dos o tres días la persona se mejora. A veces mira a una persona enferma y anuncia "éste no se va a mejorar". Él no se queda y la persona muere. Con todo, esto pasa muy raras veces. Él siempre dice la verdad.

Cuando curo, lo hago de la siguiente manera: primero, canto *(so'on)*, luego soplo *(sequichijñi)* en mi mano y la pongo en el lugar dolorido. Luego chupo y extraigo *(ñaqat)* el mal. Sólo chupo donde está el bicho.[10] Sólo estas tres cosas. Cuando canto el primer canto, yo escucho dónde está yendo el bicho en el cuerpo de la persona enferma.[11] En el segundo canto extraigo el bicho. Cuando lo saco, el enfermo sana. No

[9] Otros miembros de la familia confirmaron esta aseveración. Indicaron que la voz era gruesa y fuerte, y que eran incapaces de comprenderla.

[10] *Bicho* aquí se refiere a cualquier objeto extraño que cause enfermedad, tal como víboras, ranas, etc., que pueden adoptar forma de madera, vidrio, hueso o metal una vez que han sido extraídas. La palabra toba para estos objetos, *nainaxanaxat*, viene de la raíz *-ayin*, "disparar un proyectil oblongo". Mientras están en el cuerpo estos objetos son blandos y flexibles, pero una vez que han sido extraídos se vuelven duros como un palo *('epaq)*. Se sabe que los chamanes coleccionan estos objetos extraños como trebejos de poder. No obstante, luego de preguntar al informante si tenía alguno que pudiera mostrarme, respondió: "Por supuesto que no. ¿Para qué guardaría yo una cosa tan fea?"

[11] Una charla posterior con el informante reveló que el canto "asusta" al objeto, haciendo que se mueva en el cuerpo, y revelando de esta manera su ubicación. He grabado en cinta magnetofónica varios de estos cantos, que consisten en modulaciones de la voz rápidas y extremas.

trabajo solo; siempre está mi compañero *(ltaxayaxaua)*. Nunca uso medicinas, sólo mi canto y mi palabra. Si la enfermedad es muy mala, pido un canto. Generalmente canto dos veces, pero si el caso es muy grave, canto hasta tres veces. A veces puedo curar con el canto solamente. Otras veces soplo y la persona se cura. En casos graves canto, soplo y chupo. El canto no es mío. Es el canto del "hombre", Sevestino. Yo no puedo hacerlo solo.† (Informante 1: 1.)

Esta narración revela con considerable detalle la naturaleza de la relación entre el chamán y el espíritu compañero. El espíritu se revela al informante voluntariamente, ofrece darle poder para curar tanto a Tobas como a otros, tiene exigencias, tales como pedir que no se beba o que no se haga exhibición pueril de poder, habla en presencia de otros pero sólo se muestra al informante, aparece sólo cuando están presentes personas enfermas, ocasionalmente rehúsa curar a un paciente, es el autor de un canto, y tiene un nombre personal.[12] Un interesante problema surge con respecto a la extensión de la influencia del culto en esta relación. La prohibición que pesa sobre el beber y el fumar parecería reflejar las enseñanzas del culto, ya que en él desempeña un importante papel. Más problemática sería la noción de que el canto y el poder para curar no son los del chamán sino los del espíritu compañero. Esto puede compararse favorablemente con la relación mística de San Pablo entre Cristo y sus seguidores ("ya no vivo yo, mas vive Cristo en mí", Gálatas 2:20), si bien la influencia del misticismo cristiano es en este caso dudosa. La evidencia apunta más bien a estructuras paralelas, ya que el informante tiene un conocimiento muy limitado del Nuevo Testamento, y otros informantes más viejos que él, con muy pocas o ninguna instrucción cristiana, afirman este mismo tipo

[12] Reyburn (1954:38) informa acerca de la búsqueda de visiones con el propósito de llegar a ser un chamán, junto con ayuno y privaciones corporales. No obstante, no encontré evidencias de esto, y sospecho que cualquier búsqueda de visiones debe haber sido precedida por un contacto inicial con un *ltaxayaxaua*.

de relación entre el chamán y su *ltaxayaxaua*. El atribuir la enfermedad a un objeto extraño no es, por supuesto, algo peculiar del Chaco, ni tampoco su tratamiento por medio de ensalmo, soplido y succión. Mas el papel del canto en la curación y su origen en el espíritu compañero parecerían ser característicos de los Tobas.

El término *ltaxayaxaua* viene de la raíz *-taqa,* "conversar" o "hablar", y describe la principal actividad involucrada. Los términos *nnaigaxaua,* de la raíz *-naic,* "acompañar", y *lya,* de la raíz *-ya,* "otro", también son usados. Los espíritus pueden ser humanos (p. ej. *no'ouet,* cuya forma es básicamente humana, o de alguna parte del cuerpo humano, como el corazón), mitad humanos y mitad animales (p. ej. *salcharo,* que tiene cuerpo humano y cabeza de animal, o viceversa), animales (p. ej. *quiyoclta'a,* "señor del tigre"), o de la naturaleza (p. ej. *qasoxonaxa,* "relámpago, trueno, granizo"). Cada uno de estos "seres" pertenece a un estrato determinado del universo. Estos estratos están ordenados de la manera que se ve en la figura 1.

Estos niveles son significativos para la comunicación entre seres poderosos, porque cuando uno viaja a otro nivel pierde algo de su potencia, tornándose así más vulnerable a seres poderosos de otro nivel. No obstante, parece funcionar una regla básica que proporciona algo así como una jerarquía en términos de potencia y de prestigio. Los seres de nivel superior tienen menos dificultad en descender que la que tienen los de nivel inferior para ascender en sus viajes. De hecho, cuando seres del nivel inferior ascienden, son casi inevitablemente capturados, y permanecen allí sin retornar nunca a su hábitat original.

Estos cinco niveles incluyen tres categorías principales de seres:

I *Piguemlʼec* Ser celestial
II *ʼalhualʼec* Ser terrenal
III *Neʼetaxaalʼec* Ser acuático

Estrato 1
Estrato 2
Estrato 3
Estrato 4
Estrato 5
PIGUEM (Cielo)
L'OC / L'AT (Nubes / Vientos)
LAUAT NA 'ALHUA (Superficie de la Tierra)
PA'AGUIÑI NA 'ALHUA (Interior de la Tierra)
NE ETAXAT (Agua)
I. PIGUEML'EC
(Ser celestial)
II. 'ALHUAL'EC
(Ser terrenal)
III. NE'ETAXAAL'EC
(Ser acuático)

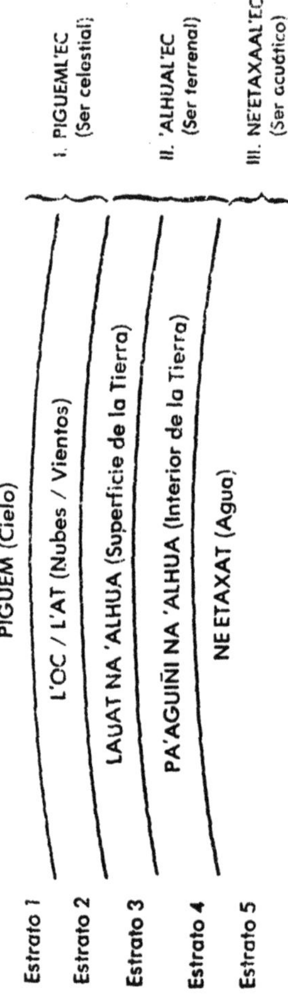

FIGURA 1

PIGUEM (Cielo)
ne'etaxat (agua)
ne'etaxat (agua)
L'OC / L'AT (Nubes/Vientos)
l'oc (nubes) (forma de agua)
l'at (viento)
LAUAT NA 'ALHUA (Superficie de la Tierra)
no'onaxa (praderas)
qa'im (laguna)
aviaq (monte)
latogote (charco)
lachiugue (río)
lachiugue (río)
lachiugue (río)
PA'AGUIÑI NA 'ALHUA (Interior de la Tierra)
'alhua (tierra)
'alhua (tierra)
ne'etaxat (agua)
NE'ETAXAT (Agua)
ne'etaxat (agua)
ne'etaxat (agua)
cuaxi (océano)
cuaxi (océano)

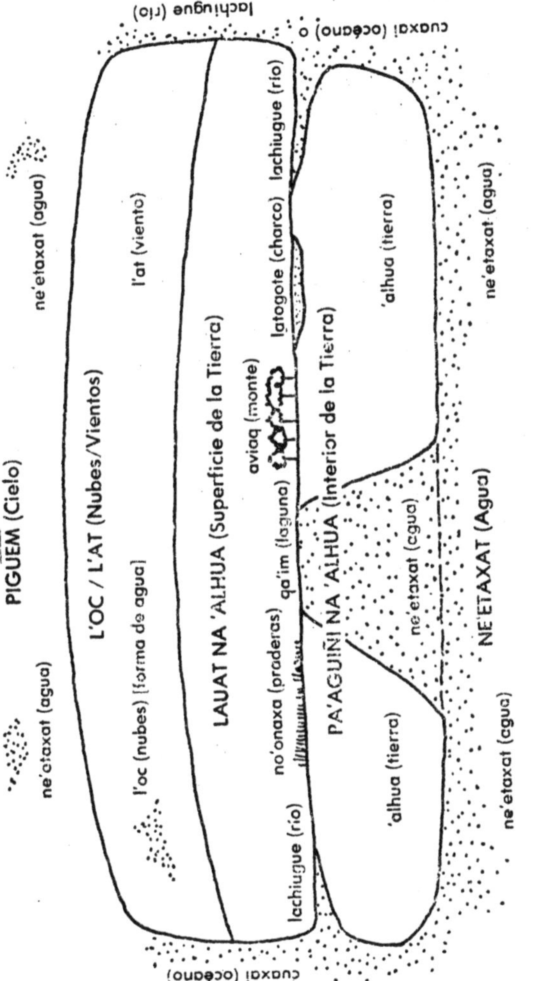

FIGURA 2

Estas categorías se subdividen aún de la siguiente manera:

I *Piguemľec,* p. ej. *ca'agaxoic* (luna)
   1. *L'ocl'ec,* p. ej. *qasoxonaxa* (relámpago y trueno)
   2. *L'atl'ec,* p. ej. *quenaquiaxaic* (viento norte)

II *'alhual'ec,* p. ej. *shiaxaua* y *shigueac* (hombre y animal)
   1. *No'oxanal'ec* (ser de las praderas), p. ej. *nsoxona* (cuis)
   2. *Aviaql'ec* (ser de los montes), p. ej. *quiyoc* (tigre)
   3. *Namoxoyaxal'ec* (ser de la suciedad), p. ej., *qaiguesaq* (hormiga)

III *Ne'etaxaal'ec,* p. ej. *nallin* (pez)
   1. *Latogotel'ec* (ser de las charcas), p. ej. *nashiyo* (caracol)
   2. *Qa'iml'ec* (ser de las lagunas), p. ej. *da'ail'oc* (yacaré)
   3. *Lachiuguel'ec* (ser de los ríos), p. ej. *shashinaq* (pez espada)
   4. *Auaxail'ec* (ser del océano), p. ej. *cayalo* (caballito de mar)

Una representación gráfica de la cosmología Toba sería más o menos la de la figura 2.

Las principales figuras dotadas de poder más rápida y ampliamente asociadas con cada estrato del cosmos son las siguientes:

CATEGORÍA DE SER	FIGURAS PODEROSAS
piguemľec	*qadta'a,* "Nuestro Padre"
piguemlashi (l'oclashi)	*qasoxonaxa,* "Relámpago"
'alhual'ec	*no'ouet (aviaql'ec)*
'alhualashi	*huashole (aviaqlashi)*
'alhual'ec (interior de la tierra)	*salcharo (quiyoclta'a)*
ne'etaxaal'ec	*huedaic*
ne'etaxaalashi	*salamanca*

El aspecto importante del mapa conceptual toba, no obstante, no parecen ser las figuras específicas o su género sino más bien la posición relativa de unas con respecto a otras. Así, desde el punto de vista humano hay tres niveles: ARRIBA, SUPERFICIE y ABAJO. Interponiéndose entre estas divisiones principales está el nivel atmosférico de viento, nubes y humo, y la profundidad interior del agua, la cual aparece de alguna forma en todos los niveles, envolviendo al universo con su sustancia. Viento, humo, nubes y agua constituyen los medios primarios de transporte de un nivel a otro, experiencia muy peligrosa reservada sólo a los chamanes bajo la guía de sus espíritus compañeros. Debe ser puntualizado que todas estas sustancias cambian de forma, lo que explica su papel como agentes mediadores.

Como ya se ha indicado, los espíritus de ARRIBA *(piguemľec)* son los más prestigiosos. No sólo son buenos y poderosos, sino que tienen la ventaja de escapar a un nivel superior cuando batallan con los espíritus de ABAJO. Temiendo ser capturados, los espíritus de la TIERRA no intentarán batallar fuera de su órbita. Los espíritus de la PROFUNDIDAD no son generalmente deseados, ya que su poder es considerado peligroso e impredecible. En los relatos míticos los individuos sensatos rechazan la compañía de los espíritus de las profundidades.

Estas figuras poderosas pueden también ser clasificadas en términos de su especialidad curativa. Así *huashole,* un pequeño ser mítico de los montes, es especialmente útil a las comadronas, ya que su especialidad es el alumbramiento. Otras son conocidas por su habilidad para curar la esterilidad, para devolver un alma capturada (otra causa de enfermedad), para descubrir las obras de brujería, etcétera.

La vida de un *pi'oxonaq* es turbulenta, ya que está constantemente envuelto en luchas de poderes. Cada vez que extrae un objeto causante de enfermedad incrementa su propio poder y reduce el de algún otro chamán competidor. Cuando es llamado para causar daño *(idan,* de la raíz *-dan,* "dañar", "hacer enfermar"), envía un objeto *(lainaxanaxat),* el cual hará disminuir su poder si es extraído con éxito por otro chamán. Si este chamán fracasa, luego de la muerte de la víctima el objeto retornará cargado con una acrecentada potencia, aumentando así el poder del chamán que originalmente lo envió. El alma del chamán *(lqui'i)* puede a veces trabarse en lucha con la de otro chamán, y la batalla puede ser mortal. Ocasionalmente, un chamán reconocerá que es incapaz de competir con otro chamán más poderoso, entonces llamará a chamanes amigos para unir fuerzas, combinando su poder *(napinshic* o *alam)* con el fin de salvarse él o de salvar a la víctima a quien está intentando curar. Calabazas llenas de objetos de poder pueden ser colocadas delante de una víctima para resguardarla de los proyectiles *(lainaxanaxat)* enviados por un chamán empeñado en causar daño. El paciente oye los chasquidos de los proyectiles, consciente de que un objeto más no ha dado en el blanco. Cuando el objeto es extraído, el chamán puede darle una palmada contra su pecho o bajo su axila, haciéndolo entrar en su cuerpo e incrementando así su potencia.[13] Cuando un chamán muere, su entero poder puede ser trasferido a un pariente en el cual él ya haya depositado uno *(nshitaxat)* o más *(nshitaxaate)* objetos de poder. No obstante, si un chamán vive hasta muy anciano, tiende a perder poder y puede morir con muy poco. El chamán que es muerto por un chamán rival no tiene poder para traspasar, ya que todo el que tenía va a parar al triunfador.

Es ampliamente sostenido que hoy en día hay muy poco poder disponible, debido a la llegada del hombre blanco que derriba los árboles y extermina la caza, destruyendo de esta manera la morada natural de muchos *ltaxayaxaua.* Los espíritus compañeros más poderosos, tales como *no'ouet,* que en un tiempo había regido todo el reino animal, y *qasoxonaxa,* que controla la lluvia, la niebla, el trueno y el granizo, parecen haberse retirado a la Gran Montaña del oeste (los Andes), donde ahora residen, y se aventuran por otras regiones sólo en raras y especiales ocasiones. La armonía entre el hombre y la naturaleza ha sido destruida en tal forma que nunca será reconstruida.

[13] Para una discusión más extensa y corroboración de lo dicho, véase Loewen *et al.* (1965).

Una segunda clase de especialistas, cuyo poder sólo puede curar, se llama *natannaxanaq,* "curanderos", de la raíz *-ataden,* "curar". Ésta parece ser una categoría reciente, y probablemente involucre la traducción de la palabra española *curandero.* Un *natannaxanaq* cura con plantas, un oficio que aprendió en gran parte de correntinos y paraguayos (naturales de la provincia argentina de Corrientes y de la república del Paraguay). Esta categoría incluye individuos que son miembros del movimiento del culto. Desconfían generalmente del chamanismo tradicional, pero están convencidos de la eficacia de la medicina popular. Las ideas y actividades que rodean a esta categoría frecuentemente muestran una curiosa mezcla de chamanismo tradicional, prácticas folklóricas criollas y enseñanzas del culto, como lo muestra el siguiente relato:

Cuando era niña tenía tendencia a los desmayos. Durante uno de esos desmayos, un espíritu *(nqui'i)* llegó a mí en un sueño, ofreciéndome volverme *pi'oxonaxa,* la más poderosa mujer chamán de todos los tiempos. Nunca me habría de faltar comida, y cuando el espíritu me indicase curar, el enfermo invariablemente sanaría, pero cuando me dijera que dejase al individuo, yo debería obedecer porque la persona moriría. Desde entonces la voz vino a mí cuanta vez me desmayaba. Seguía insistiendo en que yo debería aceptar su poder, diciéndome en una ocasión que el barro y la suciedad se volverían poderosos en mis manos.

Poco después mi sobrino llegó diciendo que tenía un sarpullido que quería le curara, porque sabía que yo era una *pi'oxonaxa.* Le pregunté quién se lo había dicho, pero él sólo me dijo que lo sabía. Salí de la casa, tomé algo de mugre de la pared de la misma, la mezclé con un poco de agua, y la refregué sobre el sarpullido. Luego le di el resto a él y le dije que lo tirara por encima del hombro. Poco después el sarpullido desapareció y no volvió nunca más. En varias otras oportunidades tuve ocasión de probar el barro, y siempre cura. No obstante, siempre me sentía mal, sospechando que estaba cooperando con un poder maligno. Un día dije a mi espíritu compañero *(ltaxayaxaua)* que quería saber si él provenía del diablo o de Jesús. No quiso responder. Poco después acepté el evangelio y fui bautizada. Desde entonces la voz me ha dejado en paz y no ha vuelto más. No obstante, continúo curando con el mismo método cuando la ocasión lo demanda, si bien un poco intranquila, ya que todavía sospecho que estoy cooperando con algún poder maligno.† (Informante II: 1).

Los elementos tradicionales incluyen aquí la elección del individuo por el espíritu, el proporcionarle una técnica de curación y la decisión del espíritu concerniente a quién curar y a quién no. El uso de barro, por otra parte, y el tirarlo por encima del hombro (no se especifica cuál) es característico del curanderismo criollo. La idea de cooperar con un poder maligno y los elementos demonio, Jesús, evangelio y bautismo están todos asociados con el culto contemporáneo. Es interesante observar que ella sigue curando a pesar de la ambivalencia, y que el método funciona aun cuando falte la consulta con el espíritu compañero. Este elemento mágico es sumamente característico del siguiente tipo de especialista.

La tercera clase de especialista se llama *'enaxanaxai,* "brujos", de la raíz *-'en* ("burlar", "engañar" o "dañar"), y sólo pueden causar daño o mal. Otro término para la misma práctica es *conaxanaxai,* de la raíz *-con,* "agarrar", que no debe ser confundido con el término *danaxanaxai,* de la raíz *-dan,* "causar daño", que característicamente se refiere a un chamán que causa daño *(idan)* a una víctima. Ambos términos, *'enaxanaxai* y *conaxanaxai,* son usados intercambiablemente en la mayoría de los casos, si bien el grupo Tacshic los distingue, reservando el último para la persona que causa originalmente el daño, y el primero para el que lleva a cabo el contradaño con el fin de destruir al brujo original.

Los brujos son por lo general mujeres, y su actividad es altamente temida. Una vez que el ritual ha sido debidamente ejecutado, el resultado será de seguro la muerte. Ni Dios es capaz de contrarrestar la labor de un brujo, una vez que ha sido debidamente iniciada. La brujería parece estar incrementándose, particularmente en el medio urbano, donde el chamanismo tradicional ya no es capaz de controlarla, como lo hace en el interior del Chaco. Muchas de las técnicas presentan influencias criollas, como quedará claro en la siguiente discusión. La mayoría de los informantes rehúsan dar información sobre el brujo y sus técnicas, sosteniendo que sólo saben acerca de poderes constructivos, y no de destructivos. Después de considerables intentos, a pesar de todo, varios informantes (I:5, I:3, I:2, II:2) proporcionaron información.

El elemento esencial de la labor del brujo comprende la magia por contagio. La principal tarea es procurarse un objeto que haya estado en íntimo contacto con el cuerpo de la persona que se está buscando dañar. Los artículos más comunes incluyen el cuello o manga transpirados de una vestimenta, colillas de cigarrillos (un argumento toba para no fumar), carozos de frutas comidas por la víctima, pelo, excremento, flema y vómito. El método más rápido y seguro de matar comprende el quemar el objeto, a veces con las partes óseas de una rana, víbora o gato, en un fuego de madera de quebracho. El fuego provoca en la víctima una fiebre terrible, y a menos que pueda encontrar un chamán cuya especialidad sea *yauan lpoqo*, "mirar o conocer las brasas", morirá en una semana. Un chamán conocedor puede protegerse o proteger a otra víctima hasta tres veces. Después el resultado es la muerte, que ocurrirá dentro del mes posterior al tercer intento, a menos que el brujo sea destruido. Otra técnica consiste en tomar el objeto de la persona a dañar, mezclarlo con las partes óseas ya descritas, y enterrarlo en la tumba de alguien recientemente fallecido. Los objetos pueden ya sea quemarse allí o simplemente ser enterrados. Esta técnica causa una muerte más lenta, pero es segura. La protección comprende encontrar a un chamán que pueda ver en un sueño a la persona que causó el daño y el lugar donde el objeto está enterrado, o al menos éste. (Por esta razón los brujos frecuentemente se cubren la cara al llevar a cabo el ritual, de manera que no los reconozca un chamán "vidente".) Justo antes de que la víctima muera, puede también ver a la persona que la dañó. Su anuncio es tomado en serio, y por lo general se hace algo para vengar su muerte. Otras técnicas comprenden el poner el objeto dentro del cuerpo parcialmente descompuesto de un perro muerto y darle fuego, o poner el objeto en la boca de una víbora o rana, la cual podrá ser quemada o enterrada. El problema que surge al enterrar sin quemar es que el objeto pueda ser claramente "visto" por un chamán, quien luego solicitará a su espíritu compañero que desentierre el objeto y salve a la víctima. Un informante (I:5) se topó por accidente con una *'enaxanaxai* que estaba operando en el monte, y observó cómo trabajaba sobre un fuego de *molla* (¿caraguatá?) y *to'otoro'* (nido de pájaro). Tenía sobre el fuego una lata que contenía el objeto —u objetos— de la persona a quien buscaba destruir, y caminaba alrededor mascullando palabras ininteligibles para el observador. En un ataque de rabia, la atacó con intención de matarla, pero ella escapó fácilmente. Este informante afirmaba que un *'enaxanaxai* debería ser castigado con la muerte de la misma manera que cualquier otro asesino. Otro ejemplo es el de un informante (II:2) que refirió que su madre había matado a su propio hijo (hermano del informante) por accidente. Se había propuesto matar a su cuñado (tío del informante), pero la semilla de sandía que usó para destruirlo resultó ser, por accidente, de su propio hijo. En su lecho de muerte, éste identificó a su madre como la causante de su defunción. La madre no negó la acusación, pero no se tomaron acciones contra ella, ya que se trataba de un error humano y, cuando lo comprendió, nada habría podido hacer para enmendarlo.

Una técnica de contra-daño comprende la recolección de la savia del algarrobo *(mapic lcha')* tres pequeños frutos *(tacala)* de la planta de caraguatá, y el agujero de un hormiguero *(qaiguesaq lauac)*. Esto debe proceder del lado que mira hacia el oeste: la savia debe ser extraída del lado occidental del algarrobo, las frutas cogerse del lado occidental del caraguatá, y el agujero del lado occidental del hormiguero, ya que cuando uno muere el alma va hacia el lado del sol poniente. Los tres elementos deben ser mezclados, hervidos, y dados de comer a la persona dañada, justo antes de la muerte. El moribundo debe ser forzado, si es necesario, a tomar el brebaje, con lo cual devolverá el daño al que lo causó, asegurando su muerte.

Como vemos, los espíritus desempeñaban un papel clave en la sociedad toba. Aun cuando estaban en cierta forma ordenados jerárquicamente en términos de poder, los Tobas casi con certeza no tenían la noción de un ser supremo antes de su introducción por el cristianismo. El estudioso jesuita Lozano (1941:152), el misionero anglicano Hutchinson (1865:327) y el lingüista franciscano Ducci (1904:174) interpretaron erróneamente ciertas actividades de los Tobas como un culto a la luna. La luna llena era frecuentemente una ocasión festiva para muchos aborígenes del Chaco, incluyendo los Tobas, pero las actividades no deberían ser interpretadas como adoración de la luna, ya que: *1*] la luna no representaba una deidad en el sentido cristiano del término, y *2*] las actividades realizadas no constituían un culto. Métraux (1946*a*:351) lo afirmó claramente: "Cuando una nueva luna brillaba en el cielo, los Mbayás, los Tobas y los Mocovíes mostraban signos de gran contento, lo que ha sido interpretado erróneamente como expresiones de un culto lunar." Karsten (1932:110) muy probablemente también se equivocaba cuando concluyó que los Tobas tradicionalmente creían en dos "Seres Supremos", un "Malo" que creó el mundo "miserable y lleno de sufrimientos", y lo que él interpretó como una versión más reciente, una deidad buena "que creó cosas buenas y útiles y que desde entonces tomó benevolente cuidado de la humanidad". Lo que a Karsten se le escapaba era el alcance de la influencia sufrida por sus informantes provenientes de la misión anglicana. Tanto Niklison (1916:189) como Cordeu (1969/70:117) se refieren a *ñiqadta'a* (a quien ellos llaman *ña-catahá* y *K'atá*, respectivamente) como a un Dios supremo, sin reconocer la acepción literal "Nuestro Padre", el cual seguramente representa la traducción toba del término castellano *Dios*.

El único ser espiritual toba que parece tener algunas vagas cualidades de un ser todopoderoso es *imata'a'na*, "dueño o soberano de todo", del cual varios informantes tobas (I:5, II:2) afirmaron que era el objeto de plegarias por los *antiguos* (Tobas de los viejos tiempos). Este "ser" no tenía cualidades específicas, y no pertenecía a ninguno de los niveles cosmológicos descritos más arriba. Otros informantes (I:1, II:2) indicaron que tales plegarias eran hechas a poderes en general sin atributos específicos. Así, antes de entrar a un monte particularmente peligroso y desconocido, uno podría gritar: *la yaqaya, quedo ñashilaqta't* (¡Hola, hermano, hace mucho que no nos saludamos!). Si uno sospechaba peligro, podía exclamar: *ca yaqaya, ñaq ayim 'antel'a* (¡Hermano ausente, continúa protegiéndome!). Otras impetraciones incluían: *'auchoxoden añi nala'* (Ten piedad, Sol) o *'auchoxoden ñi ca'agaxoic* (Ten piedad, Luna). Estas apelaciones a seres poderosos de varios tipos no deben ser interpretadas como adoración de dioses supremos, sino más bien como comunicación con espíritus de tipo animista, que podrían ayudar al hombre en casos de necesidad. Plegarias de este tipo no eran expresadas a la ligera, debido al hecho de que el poder así desatado podía traer aparejado tan pronto el bien como la destrucción.

Íntimamente relacionada con la comunicación directa entre el hombre y los espíritus estaba la idea de poder *(napinshic, alam, l'añaxac)* y los objetos dotados de poder, tales como el sonajero hecho de calabaza *(lteguete)*. Como ya se ha dicho, este poder podía ser enviado hacia otras personas tanto para el bien como para el mal. Las mujeres menstruantes, por ejemplo, eran recluidas y alejadas de las armas de caza del hombre, ya que el contacto con ellas podría destruir su poder para la caza. Así, era necesario mantenerse en guardia constantemente para evitar romper el equilibrio y la armonía entre el hombre y la naturaleza, que permitían al hombre vivir una vida sana y normal.

Además de las actividades chamánicas y las plegarias usuales, otro medio de mantener la armonía cósmica era la danza. Karsten (1915) describió cuatro tipos de danzas: *1*] para curar o prevenir enfermedades, *2*] para promover la fertilidad, *3*] para asegurar la fermentación en las fiestas de beber,* y *4*] para consumar adecuadamente acontecimientos especiales, como la pubertad, el matrimonio, el nacimiento, la muerte o la guerra. Concluyó que "el elemento religioso y mágico es aún prominente", y que "la danza ha sido originalmente una actividad puramente ceremonial, parte de los diferentes conjuros mágicos por medio de los cuales los indios creen que pueden influir sobre seres espirituales invisibles" (*ibid.:* 33). Karsten probablemente exageró los aspectos rituales de la danza, dejando de reconocer su función social, pero con todo atrae la atención hacia un mecanismo significativo utilizado por los Tobas para asegurar una vida buena y armoniosa.

Además de la danza, la música también tenía un papel significativo en el sostenimiento de relaciones armónicas con el orden natural. El chamán no sólo obtenía cantos de su espíritu compañero (*pi'oxonaq lalac),* sino que también disponía de otros tipos de cantos, como los de controlar el tiempo tormentoso (*pi'oxonaq n'onaxanaxac),* o para expresar alegría (*pi'oxonaq nañacoxoc).* Otros tipos de cantos tobas, no necesariamente limitados a los chamanes, incluían: *naqtaquiaxanaxac,* "canto de tambor", en el cual el cantor se movía al ritmo del tambor; *nashiidaxanaxac,* "canto de flauta", que expresaba tanto los sentimientos emocionales humanos como las actividades naturales; y *nvicnaxanaxac,* "canto de violín", que también imitaba la naturaleza y expresaba la emoción humana. Un buen músico toba conocía treinta o más cantos de este tipo, y se decía que un *antiguo* conocía varios cientos. Otros acontecimientos ritualizados, tales como la primer menstruación de una mujer (*ne'etaxai),* también requerían de cantos específicos. Como vemos, la

* Se refiere a las fiestas tradicionales de la algarroba. [T.]

música, tanto vocal como instrumental (incluyendo instrumentos de viento, cuerda y percusión), servía para facilitar la comunicación del hombre tanto con las fuerzas naturales como con sus semejantes.

Los mitos y cuentos tobas proporcionan mayor comprensión sobre la naturaleza de sus creencias y orientaciones valorativas. Muchos han sido registrados por Karsten (1932), Lehmann-Nitsche (1923/1925), Métraux (1946*b*) y nosotros (inédito). Los temas son los héroes culturales, seres espirituales y naturales personificados, cuentos de engaños, hay relatos sobre el origen de las mujeres, el fuego, el tejido y las plantas, historias de amor, cataclismos, seres estelares y cosmogonía general. La personificación de cuerpos celestes, seres míticos y animales se ajusta a la relación con el espíritu compañero característica del chamanismo. Parecería que estas historias fueran de varios tipos diferentes, comprendiendo entretenimiento, instrucción y explicación. Desafortunadamente, Karsten, Lehmann-Nitsche y Métraux no proporcionan información concluyente acerca de quién contaba los cuentos, en qué ocasión y con qué frecuencia. Si bien son raras veces narrados hoy en día, los informantes (I:5, II:2) indican que diferían los contados por los abuelos *(lape)* y por los padres *(lta'a)*, por las abuelas *(lcote)* y por las madres *(late'e)*. Así, la instrucción y el entretenimiento eran asignados a un pariente específico y en circunstancias particulares. Como quiera que sea, los temas básicos de señores de los animales y espíritus maestros dominan en los cuentos, proporcionando así una instrucción práctica y puntales filosóficos para la interacción entre los Tobas y su mundo fenoménico.

Después de esta reseña del sistema adaptativo toba, queda claro que la aseveración de una armonía entre el hombre y la naturaleza no implica una noción a lo Rousseau de paz y tranquilidad. La lucha por la existencia conllevaba muchos peligrosos enfrentamientos con la naturaleza y muchos conflictos entre humanos. No obstante, el objetivo que supeditaba a los demás era el de vivir a tono con la naturaleza, manteniendo siempre oído sensible a las señales de disonancia. No hay datos demográficos confiables para los primeros períodos de la historia toba, pero los conocimientos y el uso de los recursos en la actualidad demuestran que también se efectuaba un control de la población, primariamente por medio de infanticidio, abandono de los ancianos enfermos, y uso de plantas para gobernar los ciclos menstruales. Una serie bien complicada de tabúes alimentarios, de acuerdo con la menstruación, el embarazo, el nacimiento, la muerte y las actividades de caza, servía también para controlar la distribución de los recursos animales y vegetales, particularmente los ricos en aminoácidos. Cuando ocurrían escasez de alimentos o desastres naturales, los Tobas intensificaban su comunicación con los poderes y fuerzas naturales, y buscaban la explicación en el hecho de que los tabúes alimentarios o sociales habrían sido probablemente violados.

El sistema adaptativo toba, por lo tanto, incluía un complejo esquema de comunicación con la naturaleza, con especialistas de varios tipos, grupos de parentesco más bien pequeños que cooperaban y compartían recursos sin un mecanismo centralizado de autoridad, sin relaciones sistemáticas de comercio con grupos ajenos de la región, con una clara división del trabajo basada primariamente en el sexo, y con suficientes recursos económicos para trasladarse cuando las condiciones de un hábitat particular se volvían problemáticas. La conquista y colonización del Chaco desorganizó este sistema, destruyéndolo al fin hasta el grado de que, finalmente, fue requerida una nueva *Gestalt* (en los términos de Wallace).

3. DISONANCIA

Este capítulo puntualiza y describe aquellos aspectos de la historia posterior al contacto que han contribuido a la recepción y conformación de una ideología de tipo pentecostal. Documenta el cada vez más serio deterioro de la posición económica y social de los Tobas, lo que presionó para modificar el sistema ideológico. Nos esforzaremos en considerar los acontecimientos históricos como debieron de percibirlos los habitantes de la región. Estos hechos destruyeron el equilibrio armónico e introdujeron un acorde disonante en la vida de los Tobas, el cual no pudo ser resuelto sin llegar hasta la reestructuración de creencias y valores en la misma raíz de su existencia.

CONQUISTA Y COLONIZACIÓN

En contraste con la rápida conquista del Imperio inca por Pizarro, y la subsecuente dominación española en la región andina, el Chaco capituló lentamente. Llevó a los europeos más de trescientos cincuenta años conquistar y pacificar esta región. Varios factores contribuyeron a ello. Primero, los conquistadores europeos no estuvieron inicialmente interesados en los bosques y pantanos semitropicales del Chaco sino como medio de acceso a los tesoros de oro y plata que, según los indios del Río de la Plata, abundaban al oeste. La exploración del Chaco surgió como resultado de la búsqueda de una puerta que condujera a aquellas codiciadas riquezas. Así, los primeros esfuerzos se dedicaron a consolidar una ruta más que a dominar un territorio. Segundo, para la época en que los extranjeros enfocaron su interés en el Chaco en sí, sus relaciones con los aborígenes habían ya producido el tipo de resentimiento y desconfianza que hizo posible una resistencia efectiva. Para esta época muchas de las tribus del Chaco (incluyendo a los Tobas) habían adquirido el caballo, lo que permitió defenderse más efectivamente. En palabras de Métraux (1946*a*:203): "Una vez montados, la movilidad y audacia de los indios los hizo el azote de los españoles, a quienes podían ahora combatir en términos más iguales, y atacar muy lejos del pueblo sin miedo de represalias." Este prolongado período de conflicto tuvo un efecto pronunciado sobre la sociedad y la cultura tobas.

El enfrentamiento con los europeos no fue en absoluto un proceso coherente o uniforme. Diversos tipos de europeos, cada cual con una actitud diferente hacia el indio, penetraron en el Chaco. Hubo exploradores, soldados, empresarios, políticos, sacerdotes y misioneros protestantes. El explorador curioso entró primariamente en el Chaco porque era desconocido. Su actitud hacia el indio era de curiosidad. El soldado fue enviado al Chaco para pacificar el área. Veía al indio como a un individuo fuera de la ley, y sus contactos fueron principalmente de naturaleza beligerante. El empresario —maderero, ganadero y agricultor, que solían llegar en este orden— penetró en el Chaco buscando oportunidades económicas. Veía al indio como un trabajador potencial para ser explotado, y su relación patronal subordinó al indio. El político llegó para consolidar un territorio político. Para él, el indio era un ciudadano potencial con voto, y sus negociaciones para lograr el apoyo electoral resultaron en una relación más entre el indio y el europeo. El sacerdote fue al Chaco por motivos religiosos. Buscaba "reducir" *(reducciones)* creencias y prácticas "extrañas" a patrones "civilizados". Veía en el indio un candidato para la conversión, y adoptaba una posición autoritaria y paternalista con respecto a él. Los misioneros evangélicos, como los sacerdotes, fueron al Chaco para instruir a los indios. Su relación fue también paternalista y de subordinación, a pesar de sus intenciones en contrario, ya que su conocimiento religioso y nivel de vida superaban los de los Tobas.

Si bien cada uno de estos intrusos compartía un trasfondo europeo similar y un objetivo común —la pacificación y "civilización" del indio—, la naturaleza del contacto varió con cada caso. Ni el explorador, ni el sacerdote, ni el soldado fueron al Chaco con su familia. Fue sólo después de la colonización de la región —en este siglo— cuando los Tobas establecieron con familias europeas lazos sociales que involucrasen una interacción cotidiana. En consecuencia, el indio adquirió una visión fragmentaria de la cultura europea, fundamentalmente a partir de varones atípicos. La situación fue, por supuesto, aún más complicada de lo que esta discusión implica. No todos los que fueron al Chaco veían al indio en términos coherentes. Algunos lo evaluaron desde diferentes, y quizás conflictivos, puntos de vista. Además, la lista de seguro no es exhaustiva. El resultado de este extenso período de contacto diferencial y fundamentalmente superficial fue la desconfianza y la incertidumbre por parte del indio. La actitud ambivalente de los Tobas hacia los europeos y criollos hasta el día de hoy es quizás explicada de la mejor manera por este fenómeno histórico.[14] La naturaleza y los efectos de estos contactos con europeos es el asunto de la siguiente discusión.

[14] Los contactos contemporáneos de los Tobas con criollos y europeos son los siguientes: con los *patrones,* esto es, plantadores de algodón, administradores de obrajes o de ingenios azucareros, y otros que ofrecen trabajo temporario; con los *bolicheros* (dueños de almacenes), quienes venden comida y provisiones a los Tobas, y les compran a veces algodón y otras cosas a cambio; con representantes gubernamentales de la administración para los aborígenes, quienes suministran crédito y mercancías en áreas estratégicas, compran algodón a los Tobas, y manejan la mayoría de los problemas de tenencia de la tierra; con misioneros protestantes extranjeros, algunos de los cuales hablan toba, y que visitan regularmente las comunidades tobas; contactos más informales con criollos en plantaciones de algodón y en las iglesias evangélicas de los pueblos y ciudades del Chaco; con algún investigador social de Buenos Aires o de algún otro centro universitario; y, más recientemente, distintos contactos en

Los primeros exploradores y cronistas que penetraron en el Chaco desde el este, remontando los ríos Paraná y Paraguay, no mencionan a los Tobas como tales.[15] Esto no implica necesariamente, no obstante, que los Tobas no hubieran estado allí. Varios factores contribuyen a esta omisión: *1*] el primer europeo que se sabe haya cruzado el Chaco —Alejo García en 1526— viajó demasiado al norte como para encontrar Tobas. Su muerte al regresar a Perú acabó con una valiosa fuente informativa; *2*] los primeros cronistas del siglo XVI, tales como Ramírez y Schmidel, no encontraron Tobas debido a que reconocieron las márgenes orientales del Paraná (cf. Mantilla, 1928:22, nota); *3*] el cuadro se complica debido a un problema de nomenclatura. El término Toba no aparece en la región oriental del Chaco hasta principios del siglo XVIII, mientras que en las áreas del alto Pilcomayo y Bermejo aparece poco después del contacto. En las áreas del bajo Pilcomayo y Bermejo, no obstante, aparecen muy pronto los términos Frentones y Guaycurú; casi con seguridad incluían grupos toba. Los mapas del siglo XVII ubican uniformemente a los Tobas en las cabeceras y a los Frentones y Guaycurú en las desembocaduras de los ríos Pilcomayo y Bermejo (cf. Furlong, 1936), llevándonos a postular una división principal entre Tobas occidentales y orientales desde el período inicial de la conquista. Serrano (1947:89) afirma que dicha división, en efecto, existió.

Nuestra aseveración de que la región oriental del Chaco probablemente estuviera habitada por Tobas cuando ocurrió por primera vez el contacto se basa en varias consideraciones: *1*] la lista de Mantilla (1928:22) de los habitantes de las encomiendas del Chaco en el siglo XVI

el medio urbano, incluyendo la extensa labor de la Cruz Roja en el barrio toba de Resistencia.

[15] Para información sobre estos primeros exploradores, véase Schmidel (trad. 1950), de Angelis (1836-1837), Pastells (pub. 1912-1949), Paucke (trad. 1942-1944), Lozano (1941). Para una perspectiva más actual, véase Yensen (1965), *El Territorio* (1960) y Alumni (1951).

incluye lo que podrían ser nombres tobas, tales como *Kapelalá, Nicopilte, Komekec* (*Qoml'ec*?) *2*] la lista de Frentones compilada por Julián Argüelles en 1619 (Torre Revello, 1943:142) podría también incluir subgrupos tobas, si bien ninguno resulta de veras obvio; *3*] los *Mogosnas* y *Nocoguaques* que resistieron a Alonso de Vera y Aragón en sus excursiones a la región central del Chaco poco después de 1580 (cf. Torre Revello, 1943) podrían haber sido grupos tobas, como sugiere Serrano (1947:41), ya que no se ha podido establecer ninguna otra identificación; *4*] cuando los Tobas fueron encontrados en el siglo XVIII, estaban muy ambientados en la región, si bien posiblemente desde hacía poco se encontraban tan al sur del Bermejo.

Como el nombre "Toba" es casi con certeza de etimología guaraní (cf. Balmori, 1957:24-25), no resulta sorprendente que no haya sido aplicado consecuentemente. Por desgracia, no parece haber referencias claras a *Qom* (el nombre que se dan a sí mismos los Tobas) durante este primer período. En consecuencia, no es posible por el momento determinar la naturaleza precisa del contacto entre los Tobas y los exploradores del siglo XVI.

Lo que sí se conoce, no obstante, es que con anterioridad a la conquista y colonización del Chaco en las postrimerías del siglo XIX hubo al menos seis —y posiblemente ocho— intentos conocidos de los españoles por colonizar lo que hoy constituye la provincia argentina del Chaco. Todos fueron breves y fallidos. Para 1584 había establecidas dos encomiendas —Guacará y Matará— en la región general de lo que hoy es Castelli.[16] Muy poco se sabe de estos centros, excepto que los fundadores llegaron del oeste, provenientes de Tucumán y Esteco. Esto sin duda movió a los líderes de Asunción y Corrientes a impulsar su propio plan para fundar un centro urbano en el Chaco. En 1585, Alonso de Vera

[16] La fecha precisa está aún sujeta a discusión. Molina (1948) documenta además una tercera encomienda en la misma región llamada Matalá. Su ubicación no ha sido todavía establecida con precisión.

y Aragón fundó Concepción de Buena Esperanza del Río Bermejo, la primera ciudad del Chaco, hoy famosa por las disputas sobre su ubicación.[17]

Estos tres —posiblemente cuatro— asentamientos estaban ubicados en lo que luego fue el corazón del territorio toba. El grado en que los Tobas fueron influidos por aquellos primeros establecimientos europeos no resulta claro a partir de las fuentes asequibles al presente. Es muy probable que los Tobas formasen parte de la confederación de guerreros que destruyó e incendió a Guacará y Matará en 1631, procediendo luego a enfrentarse a la pequeña partida de defensores de Concepción del Bermejo. Cuando quedó claro que Concepción del Bermejo no podría ser defendida, la ciudad fue abandonada —también en 1631— para no ser nunca más vuelta a reedificar, a pesar de numerosos intentos. Los refugiados se retiraron a la ciudad de Corrientes, y el sitio fue declarado oficialmente abandonado por Felipe IV en 1645.

Molina (1948) se refiere a una misión franciscana fundada por Hernandarias "enfrente de Corrientes" en 1616, llamada San Francisco. Indica que en su mayor parte estaba poblada por "guaraníes que no sabían nada de agricultura". Este sitio no ha sido aún investigado por los arqueólogos, y se ignora hasta qué punto los Tobas estuvieron relacionados con él.

La reducción de San Fernando del Río Negro, en el área de la actual Resistencia, fue fundada por los jesuitas para los Abipones en 1750. Gracias a los prolíficos escritos de los jesuitas, como los de Dobrizhoffer (1784), se sabe que los Tobas, junto con los Mocovíes, constituían una amenaza constante para la colonia. La expulsión de los jesuitas en 1767 llegó como para coronar otras contrariedades, y la colonia fue completamente abandonada en 1773. Sea como fuere, los Tobas estaban muy ambientados en la región del Chaco ubicada al sur del Bermejo durante este período.

[17] Véase Torre Revello (1943), Molina (1948) y Morresi (1971) para más detalles.

Las otras dos colonias fueron establecidas por el coronel Arias a lo largo del Bermejo central en 1780: Nuestra Señora de los Dolores y Santiago de la Congoyé para los Mocovíes, y —setenta kilómetros al noroeste— San Bernardo El Vértiz para los Tobas. Pero no está claro qué grupos tobas estaban de por medio y hay poca información sobre el grado de aculturación logrado. Se sabe que las condiciones eran extremadamente difíciles y que ambos establecimientos fueron abandonados por los europeos luego que dos sacerdotes recién designados intentaron reubicar las colonias en 1797, para gran consternación tanto de los indios como de las autoridades gubernamentales (cf. Alumni, 1948).

Durante el siglo XVIII los Tobas comenzaron a aparecer mucho más frecuentemente, y en números mayores, al sur del río Bermejo. Quizá la posición de los Tobas en la provincia del Chaco resultó más consolidada con la desaparición y muerte de los Abipones y Vilelas. Arenales (1833) describió nueve expediciones militares al Chaco entre 1670 y 1774. En ninguna de éstas figuran los Tobas prominentemente, si bien el problema de nomenclatura al que ya se hizo referencia complica el panorama. Rodríguez (1927), por otra parte, discute siete expediciones militares al Chaco entre 1870 y 1884, y en todas hubo grandes choques con los Tobas. De acuerdo con García de Solalinde (1836:4), cinco naciones habitaban en aquel entonces el territorio al sur del río Bermejo: "Mocovíes, Matacos, Vilelas o Atalalas, Abipones y Tobas, si bien sólo unos pocos de estos últimos, ya que la mayoría de ellos están situados al norte de este río."† El mapa de Kersten (1905) confirma esta observación.

Inmediatamente antes de la conquista militar de la región del Chaco en 1884, dos jefes tobas —Cambá e Inglés— habían frustrado numerosos intentos de penetrar en la región. Aún hoy las hazañas militares de estos dos líderes son recordadas con orgullo por los Tobas viejos. Una de sus más famosas incursiones fue contra la colonia de San Fernando, el 25 de abril de 1876. Con mil guerreros, atacaron en el preciso instante en que los soldados destinados a la defensa de la colonia estaban buscando combate tierra adentro. Sólo la ingeniosa y expeditiva defensa dirigida por el empresario maderero José María Ávalos contuvo el ataque y salvó la colonia de un desastre seguro. La batalla causó graves pérdidas a los dos jefes, quienes se retiraron para no volver a lanzar jamás ofensivas de este tipo masivo. Debido a su decidida resistencia, San Fernando pasó a llamarse luego, justamente, Resistencia. Menos de dos años más tarde, el 2 de febrero de 1878, un grupo de inmigrantes italianos llegó a las riberas del río Negro. La colonización del Chaco estaba en camino.

Fue la presión de la campaña de Victorica, en 1884, la que logró aplastar la resistencia toba, terminando con la hegemonía de los jefes Cambá e Inglés. El congreso había aprobado la ley núm. 14707, destinando quinientos mil pesos para la conquista de la región del Chaco. Con esta campaña (cf. Victorica, 1885, y Carranza, 1884) la conquista fue finalmente consumada, y los Tobas no estuvieron ya en condiciones de defender su territorio contra las incursiones extranjeras. Los enfrentamientos restantes fueron de carácter local y en pequeña escala, no pasaron de acciones de tipo policial.

Los largos siglos de persistente resistencia tuvieron profundos efectos sobre la sociedad y la cultura tobas. Durante este período los Tobas adquirieron el caballo, transformándose de nómadas a pie en jinetes. Esto tuvo por resultado el agotamiento de la caza y el aumento de la movilidad sobre un territorio mayor. La búsqueda de caza se tornó una operación geográfica más vasta, lo cual, a su vez, condujo al incremento de los conflictos con los grupos no tobas, incluyendo los *doqshi* (blancos). Apareció un nuevo tipo de guerra, que contribuyó a producir cambios en la organización social de los Tobas. Antes del advenimiento del caballo, la guerra había consistido en pequeñas escaramuzas entre bandas, sobre todo por problemas de aprovisionamiento o por mujeres. Pero con la adopción del caballo la guerra requirió más hombres y una organización superior. Surgió un nuevo tipo de líder, el que imponía acatamiento más allá de los confines de su banda local y de su grupo de parentesco. Al mismo tiempo, el nuevo líder se veía cada vez más en apuros para desempeñar las obligaciones fundamentales requeridas de todos los líderes tradicionales: la dirección afortunada de la búsqueda del alimento. El suyo era un papel especializado, si bien su posición relativa con respecto a las categorías tradicionales del liderazgo no estaba explícitamente definida. Las incursiones en pos del ganado de los colonos llevaron a los Tobas a lugares tan al sur como la ciudad de Santa Fe, un territorio extraño y desconocido para ellos. Los chamanes tradicionales a veces entraban en conflicto con los nuevos líderes, ya que los primeros frecuentemente eran incapaces de habérselas con la nueva escala de operaciones.

Como resultado de los enfrentamientos con los soldados blancos, la naturaleza fundamental de la guerra comenzó a ser vista con una perspectiva enteramente nueva. Previamente, los conflictos armados ocasionaban una cantidad mínima de muertos, y la victoria producía una sensación de resarcimiento, de logro. En el nuevo tipo de guerra, por el contrario, el propósito era la aniquilación del enemigo. Mayores números de compañeros eran sacrificados y muchos enemigos eran muertos. No obstante, aun cuando el nuevo enemigo fuese totalmente batido, ningún mecanismo interpersonal permitía la expresión de superioridad, ni un sentimiento de resarcimiento, ya que los blancos continuaban tratando a los Tobas con desdén, con desprecio. La pericia y los conocimientos de los Tobas no eran codiciados por los vencidos. Era éste un nuevo tipo de enemigo, y la confrontación con él debió de tener un efecto profundo sobre la conciencia propia de los Tobas. Cada vez más, fueron afirmando su identidad frente a un enemigo común. Las campañas de los Tobas contra las tribus vecinas, como los Abipones o los Mocovíes, adquirieron asimismo mayor intensidad y un carácter más devastador durante el último período de la conquista que en todo lo probablemente acontecido al principio y antes de ella. Este sentimiento de identidad fue desarrollándose lentamente, y sólo alcanzó el vértice con el actual movimiento religioso. La distinción categórica entre blanco e indio reflejada en el lenguaje persiste actualmente, dicotomía evidente también en actitudes y acciones.

Con todo, los primeros contactos no siempre fueron de naturaleza militar. Antes del siglo XX, cierto número de exploradores y relatores visitaron a los Tobas con propósitos de observación y descripción en vez de conquista y civilización. De estas fuentes se puede obtener más información referente a la vida de los Tobas que de las más estrictamente militares. No obstante, aquellos relatores extranjeros no solían ser peritos en la observación crítica, y sus narraciones reflejan más una fascinación por lo extraño y exótico que una descripción objetiva. Leídas críticamente, estas fuentes proporcionan vislumbres fragmentarias de la sociedad y cultura tobas, pero si bien tal tipo de conocimiento era muy necesario, al unir los fragmentos no resulta un cuadro completo de esta cultura. El punto de vista de los Tobas con respecto a los exploradores y conquistadores resulta desafortunadamente aún menos claro, y debe ser deducido tanto de las fuentes como de las actitudes y expresiones en curso.

La comunicación con estos relatores dejó también huella en los Tobas. Su curiosidad reflejaba un genuino interés por las costumbres y creencias tobas, interés pocas veces manifiesto en sus contactos anteriores con los europeos. Tendían a repartir menos consejos y pareceres que los misioneros o los generales, si bien por otra parte ofrecían una visión desequilibrada y hasta cierto punto falsa de su propia sociedad. Estos hombres viajaban solos, y su situación era "antinatural" en muchos otros aspectos. Los Tobas debieron esperar hasta las postrimerías del siglo XIX —el período de la colonización sedentaria— para adquirir una comprensión más completa de la sociedad y cultura de los blancos. Y para entonces las concepciones previas estaban tan profundamente arraigadas que hubiese sido extremadamente difícil adoptar una noción más cabal y comprensiva.

Las siguientes relaciones de encuentros personales con los Tobas durante los siglos XVIII y XIX nos dan una idea acerca de la naturaleza de tales contactos:[18] Patiño, 1721 (1833); Morillo, 1780 (1837); Arias, 1780 (1837); Fernández Cornejo, 1780, 1790-91 (1837); Aguirre, 1783-98 (1898); Azara, 1799 (1809); García de Solalinde, 1799 (1836); d'Orbigny, 1827 (1835); Castelnau, 1843-47 (1851); Mantegazza, 1858-60 (1949); Aráoz, 1871 (1884); Pelleschi, 1881; Campos, 1883 (1888); Carranza, 1884; Thouar, 1885; Kerr, 1889-91 (1950); González, 1890; Oliveira, 1897; Boggiani, 1900.

La información que estos autores proporcionaron incluye comentarios sobre hábitos sociales ostensibles, creencias, lenguaje, artefactos y artesanías. Tratar de discernir qué tipos de individuos tuvieron contacto con los Tobas, y qué impresión dejaron, es aquí mucho más significativo que los datos que hayan podido proporcionar. Parecería que el efecto fue mínimo. En primer lugar, los contactos fueron generalmente cortos y limitados a determinados individuos, por lo general jefes. En segundo lugar, los Tobas no demostraron particular interés por la cultura de los intrusos. El grado de empatía fue mínimo, lo cual insinúa que el alcance de la influencia fue también restringido. Es claro que los viajeros mostraban más curiosidad por los Tobas que viceversa, y todo indica que hasta el fin del siglo XIX la cultura toba mantuvo su autonomía. No fue sino en el siglo XX —luego que la posición socioeconómica de los Tobas se hubo deteriorado, forzándolos a depender grandemente de los extranjeros para las necesidades de su existencia— cuando se despertó seriamente la curiosidad por la cultura de los blancos.

Los contactos fueron principalmente entre Tobas y madereros, ganaderos y agricultores. Para 1860, los ase-

[18] Las fechas entre paréntesis son las de publicación, y se dan cuando ésta fue considerablemente posterior al contacto.

rraderos (obrajes madereros) ya estaban comenzando a operar en el borde oriental del Chaco. Estos obrajes tuvieron un importante papel tanto en la consolidación política y militar del territorio como en la subyugación de los Tobas hasta convertirlos en asalariados. Fueron los madereros y sus peones quienes defendieron victoriosamente la población que luego se llamó Resistencia en 1876. Victorica (1885) también acredita la vital asistencia de doña Victoria Pereyra, de Puerto Bermejo, en su campaña de 1884. Según él, esta señora había sido una empresaria maderera durante catorce años, y empleaba a más de cien indios. Supuestamente, se jactaba de haber enseñado a los indios a trabajar. Desde luego, había ido acumulando considerables riquezas (cf. Yensen, 1955:115*s*). Algunos de estos obrajes llegaron a ser grandes industrias. Un tal Carlos Cristiersson, se cuenta, producía ya para entonces 2 500 toneladas de postes de quebracho por año (*ibid.*:108).

Para muchos Tobas, los obrajes proporcionaron el primer contacto pacífico sostenido con el hombre blanco. Allí aprendieron el papel de peón asalariado. Aprendieron a obedecer a los patrones y a llevar a cabo las tareas específicas de ellos requeridas. A cambio de ello se les daba comida y ropa, si bien de calidad inferior a la que conocían tradicionalmente. El problema del alojamiento solía ser abandonado a su propia iniciativa. El contacto era casi exclusivamente entre blancos y Tobas varones adultos, ya que el trabajo de los aserraderos no se presta para mujeres y niños. Fue aquí también donde los Tobas aprendieron lo que significaba ser explotados para el lucro del hombre blanco. Esta explotación ha sido ampliamente documentada (cf. Bialet Massé, 1904; Niklison, 1919; García Pulido, 1951).

El contacto con los ganaderos fue de naturaleza aún más desagradable. La desconfianza mutua se fundaba en la reputación de los Tobas como abigeos, y en la práctica de los ganaderos de cercar la tierra y ahuyentar la caza. Este conflicto nunca fue resuelto del todo, y quedan rescoldos de desconfianza aún hoy. Los contratos legales permiten a los ganaderos el pastoreo en tierras ocupadas por los indios cuando éstas no estén bajo cultivo. Estos convenios, no obstante, son una fuente constante de disputas y litigios. A mediados de la década de 1960 se hicieron varios esfuerzos políticos por echar a los ganaderos del territorio ocupado por los Tobas en la Colonia Chaco. El problema, no obstante, era dinamita política, y el gobierno provincial no tomó ninguna acción concluyente.

La influencia directa de los ganaderos sobre los Tobas fue mínima, debido al hecho de que hubo muy pocos contactos de primera mano. Por el contrario, la influencia indirecta fue más significativa, ya que fomentó la desconfianza entre el indio y el blanco, y provocó sentimientos de explotación y de represión. En términos de beneficio mutuo, los Tobas eran quienes menos ganaban con el intercambio, ya que la destreza técnica que podían aprender de los ganaderos era mínima, mientras que la pastura era de enorme beneficio para éstos.

Con mucho, la mayoría de los contactos directos entre Tobas y colonos blancos se efectuaron con los agricultores, principalmente con cultivadores de caña de azúcar y algodón. La industria del azúcar requiere de trabajo temporario, y familias enteras siguen hoy migrando a la región de Las Palmas, en la provincia del Chaco, para la zafra. Durante las primeras décadas de este siglo, los Tobas migraban también a las provincias de Tucumán, Salta y Jujuy, donde están ubicadas la mayores explotaciones de caña, pero luego comenzaron a perder interés cuando se les hizo evidente que sistemáticamente regresaban con poco que mostrar, salvo quizás algún nuevo juego de ropa. Además, durante la administración de Centeno, en 1924, el gobierno provincial presionó para confinar a los Tobas a la provincia del Chaco, ya que su trabajo era requerido en la industria del algodón. Durante la década de 1930 esta migración se incrementó, pero hoy día ha cesado por completo en lo que hace a los Tobas del Chaco. Los Toba-Pilagás de la provincia de Formosa continúan migrando a las provincias occidentales durante la zafra, ya que el cultivo del algodón está menos desarrollado en esa provincia, y es más difícil obtener otros trabajos en estas regiones más remotas.

El algodón se convirtió en la industria principal de la provincia del Chaco, y los Tobas rurales acabaron por depender de la sachadura y la cosecha del algodón para su principal sustento. Muchas familias tobas se dieron maña para plantar algo de algodón, pero debido a deficiencias de técnica y cuidado, los ingresos procedían ante todo de trabajar para patrones blancos, quienes cultivaban el algodón en escala mucho mayor. La cosecha del algodón es una tarea familiar, y durante la estación las familias tobas se concentran en las estancias (grandes haciendas) o en las chacras, en pequeñas habitaciones dispuestas para ellos. Compran los alimentos y otros artículos de primera necesidad al patrón, y a cambio cosechan su algodón. La migración estacional para la cosecha del algodón no está limitada a los Tobas: participan también en ella muchos criollos de la provincia de Corrientes y de la república del Paraguay. En los campos de algodón y durante las horas de descanso se da todo tipo de contactos informales. Estos contactos entre los Tobas y trabajadores criollos (más específicamente con criollos de la clase baja, ya que sólo éstos viven en la inseguridad del trabajo migratorio) han constituido la principal influencia blanca sobre los Tobas.

Durante los años favorables, la cosecha del algodón sigue siendo una época de abundancia para los Tobas. Las leyes argentinas protegen al trabajador con un salario mínimo y beneficios médicos, si bien su aplicación es harina de otro costal. A esto se agrega que, debido a la naturaleza impredecible del tiempo en el Chaco, la industria del algodón es extremadamente precaria. Las estaciones son frecuentemente demasiado húmedas o demasiado secas cuando no conviene. Además, la tierra ha sido sobreexplotada; la lagarta rosada* y otras plagas causan graves daños a los cultivos. En años recientes, el

* *Pectinophora gossypiella* (Lepidoptera, Gelechiidae) [T.].

incremento en los costos de la mano de obra y la caída de los precios del algodón forzaron a algunos agricultores (chacareros) a abandonar la cosecha, con el argumento de que el algodón ya no era un negocio lucrativo. La falta de un precio de garantía también constituyó un agravio. Como resultado, los empleos en los algodonales han escaseado, obligando a los Tobas a marchar a los centros urbanos para poder sobrevivir.

Sería difícil exagerar el impacto que la industria algodonera ha tenido sobre los Tobas. Unos pocos se han convertido en empresarios, pero representan una ínfima minoría, y en la comunidad indígena mantienen su estatus con gran dificultad, aun cuando éste haya mejorado entre sus vecinos no indios. Los valores tobas acerca del reparto de alimentos están en total contradicción con el tipo de actividades necesarias para tornarse empresario afortunado. En el mejor momento, los parientes menos afortunados y menos diligentes acuden a hacer su agosto con las utilidades obtenidas, y no hay absolutamente más remedio que compartirlas. La industria del algodón ha alterado poco la estructura de la sociedad toba, excepto en lo que hace a los papeles del hombre y de la mujer en los algodonales. Su influencia ha sido, más bien, la de hacer que los Tobas dependan de la estación del algodón como fuente principal de ingreso. Como la industria es precaria, no ha logrado proporcionarles una posición económica estable. Además, el intenso contacto con los no indios durante la cosecha ha creado nuevas "necesidades" y contribuido a dar nueva forma al sistema de valores tradicional. En la actualidad, bicicletas y radios figuran entre las necesidades de mayor prioridad.

Un tipo más de empresario es el *bolichero* de la localidad (dueño de almacén de campo), quien se instala en las lindes de las comunidades tobas. Compra a los Tobas algodón, cueros y plumas, y a veces maíz u otros vegetales. Les vende alimentos, bebida, ropa y, durante la cosecha, objetos de prestigio, como relojes, bicicletas y radios. Aquí también el intercambio está enviciado por la desconfianza y la sospecha mutuas. A un dueño de almacén le disgustaba la costumbre toba de pedir las cosas una a una y reclamar el dinero de cambio cada vez, por temor al engaño. Sostenía que los Tobas repetidamente solicitaban préstamos que luego no acababan de devolver. Otro nos contó que había comprado plumas de ñandú a un toba, y que descubrió luego que las del medio del atado habían sido metidas en barro para incrementar el peso. Los Tobas encontraron muy divertido el incidente cuando se lo relaté. Comentaron que alguien había encontrado por fin manera de desquitarse del almacenero por sus muchos engaños. La desconfianza de los Tobas ante las cuentas del almacenero es frecuentemente justificada, ya que la explotación parece ser la regla más que la excepción. A pesar de la sospecha mutua, no obstante, prevalece la confianza suficiente para que el sistema funcione, si bien a veces en forma precaria.

De estos empresarios adquirieron los Tobas su conocimiento de la economía del hombre blanco. Observaron que la frugalidad era premiada con prestigio y abundancia. Semejante noción estaba en conflicto radical con el tradicional valor otorgado por ellos a la generosidad, pues un individuo ganaba altura por lo que estuviera en condiciones de compartir y no por lo que acumulara. La acumulación afortunada era mirada con recelo, lo que acaso explique las actitudes de los Tobas hacia sus vecinos ricos. Al adoptar esta regla del ahorro, los Tobas frecuentemente no conseguían aplicarla para su mejor provecho. Así, no juntaban los fondos familiares cuando les hubiera resultado ventajoso hacerlo. La adopción de la economía monetaria ha sido un largo y doloroso proceso, que sigue causando a los Tobas muchos malentendidos y dificultades. Lo que probablemente comenzó como respeto hacia la tecnología del hombre blanco se ha tornado desprecio ante su codicia, despertando renovada consideración hacia las prácticas económicas más humanas de sus antecesores. El conflicto entre los viejos valores que fomentaban el reparto y las posibilidades de acumulación contemporáneas se ha vuelto un problema no resuelto.

El movimiento de independencia argentino, 1810-1816, no dio por resultado la inmediata consolidación de un territorio nacional. De hecho, no fue sino hasta fines del siglo pasado, después de la campaña del Chaco de Victorica en 1884, cuando esta región del norte fue sometida al control nacional. Un obstáculo principal al logro de la unidad nacional durante este largo período fue la división y el conflicto entre los *porteños* (ciudadanos de Buenos Aires) y los *provincianos* (de las provincias del interior). Esta lucha, que tuvo un papel decisivo en la historia argentina, también influyó sobre los Tobas. Los argentinos estaban creando un sentimiento de identidad nacional al tiempo que los Tobas eran conquistados y quedaban cada vez más desencantados con sus intentos de permanecer independientes y libres. Las fronteras políticas presentes de la provincia del Chaco fueron creadas en octubre de 1872, por la ley núm. 576; la región fue considerada territorio nacional y gobernada desde Buenos Aires hasta julio de 1951, cuando por la ley núm. 14037 se formó el gobierno provincial con sede en la capital, Resistencia.[19] Fue sólo después de esta última fecha cuando los Tobas descubrieron su papel como ciudadanos del Chaco y la importancia del gobierno provincial para sus asuntos. Antes de 1951, el contacto con los funcionarios del gobierno implicaba largos viajes a Buenos Aires de sólo unos cuantos líderes tradicionales que de regreso reafirmaban su autoridad como resultado de sus experiencias. Estos contactos ocurrían raramente y duraban poco. La tarea de incorporar a los Tobas a la corriente principal de la conciencia nacional fue dilatada por esta prolongada administración desde el lejano Buenos Aires.

El primer acuerdo importante entre el gobierno nacional y los Tobas fue logrado por Pedro Ferré el 29 de

[19] Véase Rossi (1970) para la historia de las leyes constitucionales y decretos del Chaco.

febrero de 1864. Gobernador de la provincia de Corrientes, había sentado una reputación de integridad entre los indios del Chaco como resultado de un pacto previo entre él y los principales jefes de la región en 1825. El arreglo de 1864 comprendía entre otras cosas la apertura de una ruta entre Corrientes y Santiago. El gobierno nacional también solicitaba que los indios nombraran a un jefe principal, quien serviría como intermediario entre su pueblo y el gobierno. El resultado fue la creación de un nuevo cargo político que tendría efectos perdurables sobre la organización sociopolítica de los Tobas. De acuerdo con el acuerdo, los Tobas se comprometían a lo siguiente:

> Que aceptaban con gusto las ofertas que acaba de hacérseles a nombre del Gobierno, y se comprometían por su parte, a respetar la autoridad de éste y a obedecer sus disposiciones, como asimismo, a no hostilizar de ningún modo las poblaciones y cantones que se estableciesen, ni menos a las personas que transitaran por el camino. Que en cuanto a lo que se les pedía, respecto al ingeniero, todos los caciques presentes lo acompañarían en su ida y regreso; y que si era necesario, dejarían en garantía de esa promesa sus mujeres e hijos, que recogerían a su regreso del viaje. (Alumni, 1951:280.)

A cambio, el gobierno prometía protección, herramientas y apoyo para aquellos aborígenes que desearan trabajar la tierra o en aserraderos.

Indios tobas y vilelas sisrvieron como guías en la jira de 27 días a través del corazón del Chaco efectuada desde el 29 de abril hasta el 24 de mayo de 1864. La gran mayoría de los topónimos de las paradas en el camino (véase Yensen, 1965: 101-102) son nombres tobas. Esto haría pensar o que los guías tobas ponían nombre a los lugares, o que el territorio les era ya familiar y que los lugares ya hubieran sido nombrados. Esto último parece lo más probable. Como ha pasado tantas veces con los acuerdos entre indios y blancos, estos últimos no estuvieron a la altura de lo que esperaban los primeros. El gobierno no llevó adelante su promesa de fundar establecimientos permanentes y de suministrar provisiones y equipo para los indios que desearan trabajar, para gran consternación del gobernador Ferré. Luego de esperar varios meses, los Tobas volvieron a sus asentamientos del Chaco convencidos de que ningún pacto con el hombre blanco ofrecía esperanzas. Las experiencias de este siglo tendieron a confirmar más que a desmentir tal sospecha.

Luego de la conquista militar de la región del Chaco en 1884, las negociaciones entre los Tobas y el gobierno nacional trataron primariamente del territorio. Una parte del acuerdo de 1864 requería que los Tobas se asentaran al norte de la ruta y el ferrocarril propuestos, renunciando a cualquier reivindicación sobre tierras en la parte sur. Manifiestamente, el plan era proporcionar tierras para la colonización y controlar más efectivamente la reacción de los indios al proceso de asentamiento. Durante las primeras décadas del presente siglo se completó el ferrocarril, se establecieron pueblos, y fue demarcada una porción cada vez mayor de territorio, confinando a los Tobas a islas aún más pequeñas para su existencia. Un jefe anciano (I:1) rememora vívidamente el proceso de la incursión blanca en la región de Castelli. Su descripción es la siguiente:

Antes nuestra gente ocupaba el área donde está ubicado el actual pueblo. Cuando vinieron los blancos, mi hermano y yo solicitamos tierras para nuestra gente en la oficina de tierras en Buenos Aires. Querían mandarnos a Espinillo, donde había más Tobas, pero la gente se opuso mucho, preguntando quién los protegería de los peligros de allí.[20] Cuando la gente se negó a moverse, vino de Buenos Aires el gobernador y nos ofreció para elegir tres lugares al oeste de Castelli: Yapeyú, Quiriquincho o Miraflores. El jefe de la oficina de tierras y el gobernador nos llevaron a mí y a mi hermano para que viéramos los lugares. Era el año de 1931. Paramos en aquel mismo algarrobal que hay allí. Habían demarcado dos leguas por dos leguas. Estaba escrito que esta tierra, dos leguas por dos leguas, debía ser dada sin cargo a los aborígenes. Ningún

[20] Una referencia a la brujería, ya que ellos habrían quedado a merced de los residentes locales, quienes estaban en comunicación con los poderes espirituales de la región.

hombre blanco iba a tener permiso para entrar, y ninguno nos podría sacar de allí. A la gente nunca se le pediría ya que se fuera a otro sitio, por ser de Castelli. El gobernador me dijo: "Mirá, hijo, te voy a dar el título definitivo de esta tierra, dos leguas por dos leguas. Es para tu gente, sin cargo por pastoreo. Es tu campo." Hasta hoy no hay cargo por el uso de la tierra. El año pasado quisieron cobrarnos impuestos, pero yo no lo voy a permitir porque recuerdo bien la promesa y el contrato. Cada mes nos mandaban gratis dos camiones con provisiones. Eran azúcar, té, sandalias, maíz, harina, grasa, sal, tabaco, fósforos y querosén. También recibimos semilla de algodón. Cuando llegamos aquí en 1931 el ingeniero dividió la tierra en lotes. Cada lote tenía 1 000 metros y cada familia podía elegir su lote. Seis mil aborígenes llegaron para establecerse aquí.[21] †

El jefe procedió a describir tres viajes que hizo a Buenos Aires, en 1937, 1947 y 1948, con el fin de defender a su pueblo y sus derechos legales. Los últimos dos viajes fueron hechos cuando Perón era presidente, y recuerda que el gobierno de Perón "no nos llamaba indios; nos trataba como a gente". En aquellos viajes recibió pasaje de tren y hotel gratis, dinero y ropa para el viaje de vuelta, que distribuyó a su gente. Las dádivas eran interpretadas en forma diferente por los Tobas y por los funcionarios del gobierno. Como en el caso de los primeros programas misioneros, tuvieron, a largo plazo, un efecto degradante sobre la moral de los indios. Los Tobas interpretaron las dádivas como pago parcial de una enorme deuda hacia ellos, y cuando los dones cesaron, surgieron mala voluntad y resentimiento.

Un contacto más sostenido con las autoridades gubernamentales y administrativas ocurrió en las dos reservas formadas durante las primeras décadas del siglo: Colonia Chaco en Napalpí y Colonia Bartolomé de las Casas en la provincia de Formosa. La Colonia Chaco fue establecida bajo el gobierno de Lynch Arribálzaga, sobre una

[21] Esta cifra es demasiado alta. Véase Cordeu (1969) para una relación del número de pobladores y la naturaleza del establecimiento.

sólida base económica y educacional, en 1911. Las primeras actividades comprendieron la explotación de la madera, pero en pocos años fue también implantado el cultivo de algodón y de hortalizas. Desgraciadamente, la teoría y la práctica son con frecuencia dos cosas distintas, y las intenciones humanitarias de Arribálzaga no siempre fueron realizadas. La instrucción, tanto la de naturaleza formal como la práctica, se desarrolló lentamente y la política administrativa fue objeto de extensa censura casi desde el comienzo. La temprana renuncia de Arribálzaga en 1916, resultado de mutuas acusaciones y críticas, fue una pérdida trágica para el programa tal como fuera originalmente concebido. Tolten expone así la ocasión de las críticas a la administración:

> Hasta el día de hoy las únicas personas que han obtenido algún beneficio de Napalpí han sido los funcionarios. Estos hombres eran, prácticamente sin excepción, protegidos políticos dedicados sólo a enriquecerse lo más pronto posible antes de retornar a lugares más gratos. Su interés, por lo tanto, residía más en la valiosa madera del quebracho colorado —por la cual los productores de tanino pagaban altos precios— que en el pueblo indígena por cuya custodia obtenían sustanciales salarios. (1936:55-56.)

Estas críticas eran sin duda válidas, y las sospechas de los Tobas de estar siendo explotados eran cosa generalizada, que persiste hasta el presente. Como quiera que sea, la gran mayoría de los Tobas rechazó el confinamiento colonial, y sólo una pequeña minoría (alrededor de 15%) hizo de las colonias su hogar. El estudio comparativo del carácter de los indios de las reservas y de los otros, hecho por Ameghino (1936), indica que estos últimos eran más orgullosos y robustos, mientras que los primeros eran más atentos, con mayor deseo de aprender y más dominio propio. No obstante, las observaciones contemporáneas no confirman los hallazgos de Ameghino.[22]

[22] Para mayor información estadística y etnográfica sobre la reserva del Chaco, véase Asociación Amigos del Aborigen (1964) y Hermitte (1970).

Además de los problemas de tenencia de la tierra, los contactos con los políticos argentinos han involucrado también actividades más estrictamente políticas. Durante los años de elecciones se hace cualquier esfuerzo para solicitar los votos indígenas, ya que ellos pueden ser definitorios en una elección reñida. Cada partido trata de superar a los otros en sus promesas de justicia para los aborígenes. No obstante, la experiencia ha enseñado a los Tobas a esperar muy poco de estas promesas, y cada campaña vuelve a abrir las heridas de la desilusión y del cinismo.[23] Una vez un Toba alcanzó una alta posición en un gobierno municipal, si bien lo que consiguió realizar por sus compañeros fue a menudo decepcionante para ellos.

El impacto de los contactos políticos con los Tobas se vio atemperado por la lucha entre la capital y las provincias a que hicimos referencia, y por el lento proceso de desarrollo de la conciencia nacional en la Argentina. Como ya se dijo, los Tobas estaban desarrollando su sentimiento de identidad frente a la sociedad argentina al mismo tiempo que los argentinos estaban cristalizando su propia identidad nacional. El acuerdo de Ferré de 1864 buscaba unir una nueva nación y una tribu que de ninguna manera era parte de dicha nación. Fracasó, al igual que otros intentos posteriores de incorporar a los Tobas en la corriente principal de la vida nacional. La participación en el servicio militar, el voto, la escuela primaria y las clínicas locales están hasta cierto punto cerrando la brecha, pero el propósito de incorporar los grupos étnicos a la corriente nacional está lejos de haber sido cumplido.

[23] En cierta ocasión, luego de que el Partido Radical ofreció un asado particularmente abundante en una comunidad toba, el jefe local espetó el siguiente brindis a los políticos visitantes: "Muy lindo el vino, muy rico el asado, pero nosotros somos todos peronistas."

ACCIÓN MISIONERA Y SECULARIZACIÓN

En su monografía *Historia y acción sociológica y cultural de la Iglesia en el Chaco* (1964), Zalazar divide el trabajo misional de la Iglesia católica romana en esta región argentina en tres períodos: el *período jesuita,* desde 1585 hasta 1767, el *período franciscano,* desde 1767 hasta 1936, y el *período orgánico,* desde 1936 hasta la fecha. Esta división resulta útil. La primera fecha —1585— marca el año en que los primeros jesuitas, Francisco de Angulo y Alonso de Bárcena (o Bárzana), llegaron a Santiago del Estero con el encargo de convertir las tribus del Chaco a la fe cristiana. La segunda fecha —1767— marca el año en que los jesuitas fueron expulsados del Nuevo Mundo. La tercera fecha —1936— es el año en que monseñor Nicolás de Carlos se convirtió en el primer obispo de Resistencia.

Los esfuerzos mayores de la Iglesia entre los Tobas fueron llevados a cabo durante los dos primeros períodos. Nuestro objetivo aquí no es hacer una historia completa de las misiones católicas en el Chaco, sino el de identificar aquellos contactos que pudieran contribuir a una comprensión más clara de la actual orientación religiosa de los Tobas. La significativa influencia de la Iglesia a este respecto no debe ser subestimada, ya que casi cuatro siglos de esfuerzos persistentes en la región ciertamente han debido de haber hecho algún impacto. El propósito aquí es averiguar la naturaleza de este impacto.

El modo de los jesuitas de abordar el trabajo misional es descrito por monseñor José Alumni (1950:9) de la siguiente manera: "el método jesuita difería totalmente de los que otros españoles habían usado hasta entonces. Los indios no eran separados de sus tierras, su lenguaje era respetado, conservaban sus costumbres y continuaban respetando a sus jefes. No eran sujetos a una autoridad española, y se esperaba que una lenta pero eficiente tarea de persuasión podría disuadir a aquellas voluntades indómitas".†

No obstante, el método no siempre implicaba una lenta persuasión, como ilustra el siguiente ejemplo. De acuerdo con Lozano (1941:152), el padre Romero estudió la religión de los Guaycurú durante el año 1612: "empezó a informarse el padre Romero de su religión, ritos y ceremonias, y halló que sólo reverenciaban a la luna y al carro celeste, sin reconocer otra alguna deidad".[24] Durante la luna llena, sostenía Romero, los Guaycurú se reunían para adorarla con "gestos y clamores supersticiosos". Los intentos del cura para combatir esta "adoración idólatra de la luna" fueron descritos por Lozano como sigue:

> Lleno pues de santa intrepidez y vestido de los ornamentos sacerdotales, que con su majestad le conciliasen mayor respeto, se fue con una cruz en la mano donde estaban juntos los Guaycurús adorando a la luna; reprendióles agriamente, y les afeó con tanto espíritu aquella bárbara ceremonia, que sin haber quien resistiese, les obligó a que todos de rodillas adorasen el sagrado leño en que se obró la humana redención; como lo ejecutaron con grande reverencia, y prometieron no celebrar otra vez la luna nueva. *(Ibid.)*

Lozano, no obstante, agrega inmediatamente: "Pero estos buenos principios no llegaban a los deseados fines de su conversión; porque prevalecía siempre la común perversidad de la nación."

Si bien el agresivo método de evangelización de Romero puede haber sido atípico, su interpretación errónea de las actividades que acompañaban a la luna llena ciertamente no lo era. El ejemplo es interesante porque demuestra el grado en el cual las prácticas aborígenes eran incomprendidas y reinterpretadas de acuerdo con el sistema de valores propio del observador. No obstante, más características de las actividades misioneras jesuíticas son las eruditas obras maestras clásicas del siglo XVIII, que

[24] De acuerdo con Kerr (1950:116) y otros estudiosos, los paraguayos llaman Guaycurú a los Tobas. Por lo tanto, este relato podría muy bien haberse referido a los Tobas.

demuestran un vasto conocimiento tanto del medio ambiente chaqueño como de las culturas aborígenes. Éstas proporcionan datos etnográficos inapreciables, durante un período en el cual prácticamente no hay ninguna otra información. Estos estudiosos fueron principalmente Lozano (1733, publ. 1941; 1754; 1873-75), Paucke (edit. 1942-44), Sánchez Labrador (1770, publ. 1910), Dobrizhoffer (1784) y Jolís (1789). Todos proporcionan referencias sobre los Tobas, si bien ninguno de estos autores trabajó directamente entre ellos. En efecto, los jesuitas de la región oriental del Chaco no se dedicaron a los Tobas, sino que más bien llevaron a cabo sostenidos esfuerzos entre los Abipones y los Mocovíes. Las reducciones jesuíticas para los Tobas estaban limitadas a las provincias occidentales, por lo que es difícil evaluar la influencia de esta orden entre los Tobas orientales.

Con todo, ocurrieron de hecho contactos significativos entre los jesuitas y los Tobas del Chaco oriental, y pueden hacerse algunas observaciones provisionales. Un problema fascinador pero no resuelto concierne al autor del manuscrito sobre el lenguaje toba de la Biblioteca Bartolomé Mitre, publicado por Lafone Quevedo en 1893-1899. Tanto Mitre como Lafone Quevedo aseveran que el autor fue el famoso lingüista jesuita Alonso Bárcena, del siglo XVI. No obstante, Furlong (1968:68) ha argumentado en forma bastante convincente que casi seguramente se trata del trabajo de algún otro estudioso jesuita. Como el vocabulario es obviamente el hablado por los Tobas argentinos de esa época, la clarificación de la autoría, fecha y ubicación de este estudio contribuiría enormemente a la comprensión de la influencia jesuita. Se sabe, por ejemplo, que el padre Osorio estuvo entre los Tobas del Chaco en 1628, aprendiendo algo de su lenguaje (Pastells, 1912, vol. 1:470). Se sabe también que Osorio escribió extensamente antes de su muerte en manos de los Chiriguanos, y que estos escritos estaban en posesión de Lozano (Lamas, en Lozano, vol. 1, 1873). Surge la cuestión acerca de si el manuscrito no habría podido ser escrito por Osorio, si bien esto —en mi conocimiento— nunca ha sido sugerido hasta ahora.

Los esfuerzos de los jesuitas entre los Tobas, iniciados desde las provincias occidentales, se llevaron a cabo frecuentemente con considerable sacrificio, a veces la muerte. Éste fue el caso de Pedro Ortiz de Zárate y de Juan Antonio Solinas en 1683. El siguiente relato, debido a la pluma de Francisco Jarque en 1687, y referido por Furlong (s. f.) y Grenón y Vergara (1942), muestra la naturaleza de este sacrificio tal como la apreciaba un colega contemporáneo:

> Celebró misa el V. P. Solinas, y, después de él, Don Pedro Ortiz; y trataron luego de acariciar a los infieles que habían aparecido.
>
> Pero ellos, reconociendo a los dos sacerdotes indefensos, cerrando protervos los oídos a los Misterios de nuestra Santa Fe, que pretendían enseñarles, con mayor amor de sus almas que odio tenían los bárbaros a la ley de Dios, cargaron sobre ellos, unos con los dardos, otros con las macanas, todos con suma gritería y les quitaron las vidas.
>
> Desnudáronlos totalmente, degolláronlos, y dejando truncos los venerables cadáveres, se retiraron con gran presteza a celebrar el triunfo con las cabezas, como acostumbran, comiéndoles la carne y brindándose en el casco, hasta caer embriagados de sus inmundos brevajes, según es usanza especial de aquellas dos naciones [Tobas y Mocovíes].
>
> No se detuvieron a comer, ni cargar los cuerpos, por temor de los españoles e indios Taños y Ojotaes catecúmenos que estaban en San Rafael; pero antes de retirarse mataron también a 18 personas que estaban en compañía de los Misioneros muertos, de los vestidos y cabezas y dejando un dardo como lanza clavado en cada uno de los cuerpos de los difuntos. (Cit. por Furlong, s. f.; Grenón y Vergara, 1942:60.)

Este relato, no obstante, no proporciona ninguna clave acerca de cuál podría ser el punto de vista de los Tobas con respecto a este incidente. Se sabe que los asesinatos de este tipo sólo eran llevados a cabo por ellos con propósitos de venganza. Un estudio sobre la vida de Pedro Ortiz de Zárate (véase Grenón y Vergara, 1942) señala que algunas de sus actividades anteriores podrían muy bien haber sido interpretadas como hostiles por los aborígenes del Chaco, y es muy probable que ése haya sido, en efecto, el motivo. La relación es de interés, ya que se trata de uno de los pocos documentos que describe acciones sabidamente debidas a los Tobas durante este temprano período. Tanto Lozano (1941) como Dobrizhoffer (1784) repiten la aseveración acerca de la costumbre toba de decapitar al enemigo y comerse su carne. No obstante, fuentes posteriores basadas en observaciones más detenidas no la confirman, y es difícil determinar el alcance de esta presunta práctica. No se ha descubierto ninguna evidencia, ni lingüística ni etnográfica, que pueda ya sea confirmar o bien refutar su existencia.

La observación más importante para los propósitos de este estudio, sin embargo, se refiere a la actitud hostil de los Tobas con los sacerdotes, sentimiento que visiblemente fue muy compartido durante los primeros siglos de contacto. Las cartas de los jesuitas constantemente se refieren a los Tobas como a indios feroces y peligrosos, y no hay testimonio de ninguna conversión lograda, como las relatadas por Dobrizhoffer con referencia a los Abipones. Esto podría llevarnos a concluir que la influencia jesuítica entre los Tobas fue quizá de carácter indirecto. Y la influencia indirecta, de hecho, muy bien podría haber sido realmente significativa, ya que es muy probable que incluyera creencias referentes a la deidad (por ejemplo, Romero) y a la cosmovisión. Además, las misiones establecidas en las provincias occidentales, tales como San Javier (fundada en la década de 1670) y San Ignacio de Tobas (década de 1750), ciertamente ejercieron un efecto que fue filtrándose hasta el Chaco oriental (cf. Pastells, *op cit.*, vol. 8). Se sabe, por ejemplo, que algunos de los Tobas orientales participaron también en las reducciones mencionadas.

Con respecto a la actividad de los franciscanos, organizaron misiones permanentes entre los Tobas de la actual provincia del Chaco, y el registro de sus actividades está mucho mejor documentado. Estaba, en primer lugar, la ya mencionada San Bernardo El Vértiz, establecida a lo largo del río Bermejo en 1780 por el coronel Arias, de acuerdo con un pacto firmado en 1774 con los poderosos jefes Paikin y Lachiriquin. El padre Sena, quien fue luego enterrado en la iglesia parroquial de Castelli, desempeñó un importante papel en la fundación de esta misión, lo cual le costó la vida. Parece ser que murió de sed mientras intentaba preparar a los indios para la expedición de Arias. La escasa información asequible sobre las actividades de esta misión indica que la mayoría de los esfuerzos fueron dedicados a solucionar los problemas de sustento. Los sacerdotes gastaban gran parte de su energía yendo y viniendo a la ciudad de Corrientes, donde adquirían provisiones. Estas dificultades, sumadas a las ya mencionadas referentes a la reubicación de las colonias, llevaron a su abandono más o menos hacia el fin del siglo.

Es claro que la actividad de esta y de otras misiones franciscanas posteriores no estaba organizada según los mismos loables principios descritos por Alumni para los jesuitas. Las relaciones muestran un paternalismo considerable, que resultó en una dependencia prácticamente completa de los indios que cooperaban. En parte, no obstante, la creciente dependencia puede haber sido debida al hecho mismo de que las misiones franciscanas se hayan fundado posteriormente, en un tiempo en que los indios del Chaco ya se habían acostumbrado a depender de los blancos en lo referente a trabajos y mercancías.[25]

Se dispone de excelentes datos sobre las misiones franciscanas Laishí y Tacaaglé de la provincia de Formosa, fundadas en 1900 y 1901 (véase Iturralde, 1909, y Niklison, 1916). La misión Laishí también posee un diario, escrito a mano, que proporciona información sobre sus actividades y filosofía, particularmente de sus primeros años. De este documento se desprende que el en-

[25] Para una descripción de las misiones franciscanas entre los Tobas en 1785, 1791, 1797 y 1809, véase Cardoza (1934).

foque original estaba ampliamente basado en la política de dar y regalar. Está siempre presente la idea de que los indios eran incapaces de administrar sus propios asuntos e ignoraban el valor del trabajo, por lo cual era obligación de la misión el enseñárselos. Durante los años de formación de la misión, para atraer a los indios a sus tierras se regalaban generosamente comida, ropa y materiales de construcción. Los daños que esto causó sobre la moral de los Tobas impresionaron tanto al padre Buenaventura que en una ocasión, habiendo quedado de tal manera disgustado con esta técnica de las dádivas, prendió fuego a un paquete que había sido enviado para ellos, y empuñando luego un rebenque los forzó a trabajar a rebencazo limpio. En el diario encontramos frecuentes referencias a la desidia de los indios y a las dificultades asociadas con su transformación en trabajadores responsables.

Con miras a hacer económicamente autosuficiente a la colonia se acometieron varias empresas. La principal fue una refinería de azúcar. Un libro, también manuscrito, indica que ya en 1911 se producía azúcar mecánicamente, si bien el negocio no resultaba rentable debido al bajo nivel de rendimiento en el trabajo por parte de los indios. En otras palabras, se pagaba a los Tobas más de lo que producían. El diario reporta también robos de caña de azúcar de los campos de la misión, y represalias por parte de ésta. Muchas de las anotaciones son datos sobre instrucción religiosa y cumplimiento de rituales religiosos. El documento refleja una gran predisposición contra los chamanes y sus actividades. Parece que el 19 de enero de 1907 un chamán que había sido acusado de brujería fue asesinado. Este hecho fue descrito como debido a una represalia. A ello siguió una serie de investigaciones que marcaron una seria ruptura de la comunicación mutua entre sacerdotes e indios por esta cuestión del chamán. Otra nota, del 16 de octubre de 1907, señala la llegada de un indio que comenzó a aconsejar a los participantes que dejaran la misión, sosteniendo que los indios estaban siendo robados y engañados. Ardió el fuego del descontento, y la brecha entre los indios y los administradores de la misión se hizo aún más profunda.

Muchos Tobas que vivieron en otras partes recuerdan haber pasado varios años en la misión Laishí. El siguiente texto está tomado del relato de la vida de un líder religioso contemporáneo:

> Yo nací aquí en el Chaco, pero cuando era todavía joven, en el año 1932, de ocho años más o menos, me llevaron mi familia a misión Laishí, que viene a ser el lugar de mi madre. Allí había una iglesia católica y era siempre obligatorio asistir en la escuela. Sacaron a los chicos esforzadamente para llevar a la escuela. A mí me llevaron forzosamente. Claro, los padres se asustaron, pero ellos explicaban que la gente tiene que aprender a leer y a escribir, y las mujeres a lavar y coser. Cuando tuve más o menos diez años me escapé entre cuatro compañeros; bajamos de la ventana del segundo piso. Habíamos preparado una escalera de madera pero no alcanzó bien la ventana, pero yo tenía una faja de lana que me había hecho mi mamá. Con esa faja atamos a la ventana arriba y así bajamos, y se quedó mi faja allí colgada arriba. Y cuando salimos de allí venimos directamente al Chaco, pasando por Las Palmas, siempre caminando. Comimos lo que encontramos, robamos choclos o lo que sea, y hicimos fuego, así preparando la comida. Pasamos por canoa en General Vedia. Llegué en Las Palmas y me quedé allí dos años. Recién cuando llegó mi papá a La Pampa recibió noticias que yo estuve en Las Palmas. Solamente que los primeros que encontré de mi familia era mi tío José Francia, que él había ido a trabajar en la caña; yo mismo estaba trabajando allí. Cuando terminó la cosecha, vine junto con ellos a La Pampa, Pampa Chica. Allí me encontré a mi papá, mis abuelos, y a la familia entera. (Informante I:5.)

Este relato sobre la fuga de la misión es bastante representativo de otros también documentados. Laishí es hoy día un pueblo criollo, y la misión es la parroquia local para los colonos blancos. Los indios, que originalmente habían vivido en el centro del pueblo, hace ya largo tiempo que han sido empujados hacia tierras periféricas de calidad inferior para la agricultura. Los Tobas muestran un gran resentimiento hacia las autoridades de la misión, acusando a éstas de traición, ya que la misión había sido originalmente establecida para beneficio de los indios. El sacerdote oficiante declaró, en julio de 1966, que sólo una india iba a la misa, pero que por otra parte estaba contratada por la misión. Una monja declaró que tenía a ocho niños indios en la escuela (sobre un total de varios cientos en condiciones de asistir). El personal actual de la misión concuerda en la opinión de que el programa original era "muy equivocado".

La publicación de Iturralde (1909) es una apología de la misión Laishí, explicando su programa, su filosofía y su financiamiento, en un intento de demostrar que el indio es susceptible a la "civilización". El punto de vista paternalista está una vez más presente al ser los Tobas frecuentemente considerados como incomprensivos recipientes de los muchos sacrificios hechos por ellos, por los sacerdotes. Los estudios de Ducci (1904) en Tacaaglé sobre la lengua toba, por el contrario, demuestran una alta calidad académica, así como un conocimiento detallado de muchos aspectos de la vida y costumbres tobas. Como vemos, podemos encontrar facetas tanto positivas como negativas en el trabajo de la misión.

La influencia franciscana sobre los Tobas fue sin lugar a dudas mayor que la ejercida por los jesuitas, ya que el contacto fue de naturaleza más sostenida y más íntima. Cierto número de Tobas contemporáneos nos indicaron que habían aprendido a leer y escribir en las escuelas de las misiones. El adiestramiento educacional y vocacional recibido los ayudó a adaptarse a la vida del siglo xx. No obstante, los pocos que pasaron largo tiempo en la escuela fueron educados lejos de su medio social, y han adoptado un estilo de vida criollo. Pareciera que la influencia franciscana sobre la estructura de la sociedad toba hubiera sido mínima, ya que los Tobas rechazaron someterse al control de las misiones, y que éstas eventualmente abandonaron sus intentos por convertirlos.

Durante el *período orgánico,* la Iglesia católica sólo

El señor José Echeverría con su violín de lata, con una sola cuerda, de cola de caballo. De este violín salen sonidos fantásticos del ambiente chaqueño.

Una iglesia del barrio toba de la ciudad de Formosa.

Un bautismo en Legua Diecisiete.

Reunión del culto en Pozo del Toro.

Celebrando la Santa Cena en el culto de Misión Laishí.

Grupo del culto al lado de la iglesia en Misión Laishí.

Cacique Soria de Miraflores.

Cacique Juan Pablo de Pampa Argentina.

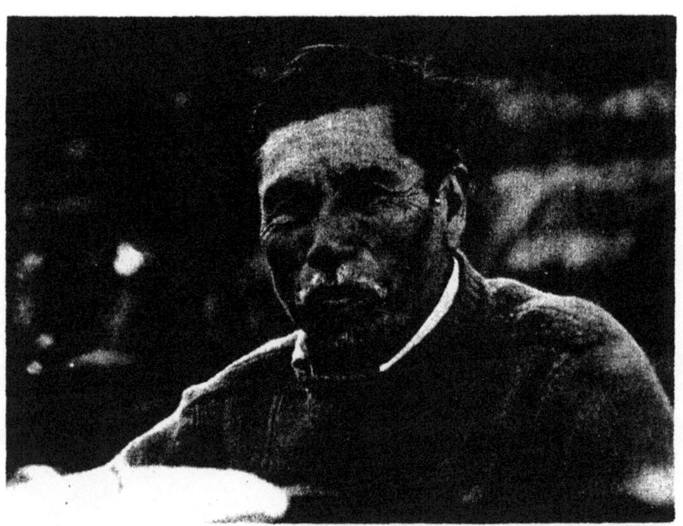

ha mantenido contactos ocasionales con los Tobas en la colonia Chaco de Napalpí y en la colonia Bartolomé de las Casas de Formosa. Los sacerdotes llegan sólo en ocasiones especiales para llevar a cabo ritos religiosos, y la participación por parte de los Tobas ha sido insignificante. No obstante, en años recientes la Iglesia ha renovado su interés por los pueblos aborígenes, y se han emprendido activos programas sociales y educacionales entre los grupos tobas urbanos de Resistencia y Sáenz Peña. Pero la insistencia en lo que hace a pedagogía espiritual ha sido mínima hasta el momento.

Resumiendo: las actitudes de los Tobas hacia las misiones católicas tradicionales han sido por lo general negativas, particularmente en zonas misioneras como Laishí y Tacaaglé, en donde el resentimiento y el encono son aún evidentes. En otros lados la Iglesia católica tiende a ser ignorada más que criticada, excepto en las áreas urbanas mencionadas más arriba. Las conversaciones sostenidas con sacerdotes y con estudiosos familiarizados con los programas tradicionales indican que tienen plena conciencia de los fracasos del pasado y del hecho de que los Tobas de hoy en día están completamente alejados de la Iglesia. No obstante, estos sentimientos son inconstantes, y así como un chamán tradicional puede rápidamente ganar o perder clientela de acuerdo con su poder y habilidad del momento, de igual manera los programas de la Iglesia o el gobierno podrían ganar influencia si adoptaran nuevas técnicas y tácticas. Pero hasta ahora el descuido del aprendizaje de la lengua toba, así como otras formas de paternalismo, sugieren que la influencia católica sobre la ideología toba seguirá siendo mínima.

Los primeros empeños misioneros protestantes entre los indios del Chaco fueron iniciados por la South American Missionary Society bajo la dirección del capitán Allan Gardiner, fundador de la sociedad. Gardiner intentó sin éxito penetrar en el Chaco a mediados del siglo XIX. En su *Carta a los jefes de la nación toba,* publicada por Young (1900: 197-198), Gardiner instaba a los Tobas a dar la bienvenida a los misioneros, y a "no ser la última nación en aceptar el evangelio". No obstante, no fue sino hasta la década de 1890 cuando la sociedad fue capaz de establecer con éxito una misión entre los indios Lengua del Paraguay, bajo la dirección de W. Barbrooke Grubb. La Iglesia anglicana fue la primera que estableció misiones permanentes entre los Tobas de Salta y Formosa occidental, durante las primeras décadas de este siglo. Su trabajo no será considerado aquí, ya que éste se dedicó a los Toba-Pilagás. Pero habrá que apuntar que Johanson (1961) alega una conversión en masa de 2 000 Tobas en Embarcación, provincia de Formosa, durante el año 1942.[26]

En 1934 la misión Emmanuel (británica) inició su trabajo en El Espinillo, en el corazón del área ocupada por los Tobas de la provincia del Chaco. Los objetivos de esta misión son presentados en la siguiente cita de Sockett (1966:58):

> La misión había requerido un trozo de tierra dentro de la reserva indígena, donde los Tobas, a los que se les proporcionaran semillas, podrían ser alentados a plantar algodón, maíz y hortalizas, y permanecer así en contacto con el mensaje del evangelio durante todo el año. Anteriormente, largas ausencias para participar en lejanas cosechas o en expediciones de caza habían sido la única respuesta a sus necesidades materiales. Algunos consiguieron vender algodón, pieles y plumas, pero recibían muy poco por ello, lo que se sumaba a los elevados precios pedidos por cualquier provisión que quisieran comprar; esto era característico de la conducta observada por aquellos que constantemente explotaban a los menospreciados indígenas.

Además de proveerlos de semillas, la misión transportaba el algodón de los indios hasta el pueblo más cercano, Castelli, donde se podía obtener un precio mejor.

[26] También se trata de Toba-Pilagás. Este relato de Johanson representa el primer informe acerca de una conversión en masa al cristianismo entre cualquier grupo indígena del Chaco. Este informe plantea problemas, pero su discusión llevaría más allá del objetivo de este estudio.

Se estableció un almacén en la comunidad toba, con el fin de suministrar provisiones a precios razonables, y se construyó una escuela, tanto para niños como para adultos, a la que concurrían "hasta 200 Tobas". También se ofreció cierto grado de asistencia médica en la clínica de la misión. Ya en 1932 la misión Emmanuel había comenzado a enseñar a niños tobas en la ciudad capital de Formosa. En 1937 se estableció otra misión Emmanuel en Laguna Blanca, entre los Tobas de la parte oriental de Formosa. También ahí fueron establecidos una iglesia, un almacén, una escuela y una clínica.

"Ocho años después del comienzo de los trabajos en Espinillo, los misioneros recibieron la noticia oficial de que su pedido de las tierras que ocupaban había sido objetado por un obispo católico. En mayo de 1944 siguió una acusación, basada en mentiras y contradicciones, de que la misión había estado explotando a los indios, y con la acusación llegó una orden de retirarse en noventa días." (Sockett, 1966:61.) La misión peleó el asunto por varios años, y "no fue sino en 1949 cuando la misión fue finalmente expulsada de Espinillo y los edificios confiscados, mientras que en Laguna Blanca la orden no tuvo efecto hasta 1951" (*ibid.*:62).

La influencia de la misión Emmanuel entre los Tobas argentinos duró aproximadamente quince años. Durante este tiempo, diversos Tobas de muchas comunidades chaqueñas visitaron El Espinillo, y varios líderes indígenas recibieron la preparación necesaria para fundar iglesias en otras comunidades tobas, por ejemplo en Pampa del Indio. Debe hacerse notar, sin embargo, que ya para 1946 la mayoría de los Tobas de El Espinillo habían dejado de participar en los servicios religiosos de la misión, pero participaban en *cultos* bajo el liderazgo indígena de Pedro Martínez, de Pampa del Indio.

Los menonitas (Elkhart, Indiana) establecieron su labor misionera entre los Tobas del Chaco en 1943, en la zona al norte de Sáenz Peña. La misión fue organizada según principios similares a los que inspiraron El Espinillo. De hecho, varias familias tobas "convertidas" de la misión Emmanuel —que en ese entonces estaba bajo el ataque de las autoridades del gobierno y de la Iglesia— se trasladaron a Aguará, al norte de Sáenz Peña (y que no debe confundirse con El Aguará de Colonia Chaco, donde tuvo lugar la masacre de indios de 1924), para luego formar la columna vertebral de la misión menonita Nam Cum. Además de las asambleas religiosas, los menonitas establecieron un almacén, una escuela y una clínica. El almacén estaba pensado para enseñar a los Tobas los "hechos económicos de la vida". Se llevaban cuentas bancarias familiares, con el fin de inculcar el valor del ahorro. Esta práctica debió ser abandonada, ya que los Tobas sistemáticamente se quejaban de ser engañados —insostenible acusación a ojos de los misioneros. En conexión con el manejo del almacén se daba instrucción sobre técnicas de cultivos, especialmente maíz, hortalizas y algodón, como asimismo sobre cría de pollos. La escuela comprendía clases regulares según los planes nacionales, con instrucción adicional para alfabetización de adultos. La clínica estaba regida por dos enfermeras diplomadas (hermanas) provenientes de Canadá.

A partir del centro de Nam Cum fueron establecidas otras dos iglesias tobas, una en Legua Diecisiete (cerca de La Matanza) y otra en Legua Quince (cerca de Cabá Ñaró). También en estas comunidades las enfermeras daban medicinas y trataban enfermedades leves, si bien no se crearon almacenes ni escuelas. Varios de los jóvenes "más prometedores" fueron alentados para que fueran a estudiar a la escuela de la misión Nam Cum, en Aguará.

Un sinfín de errores y dificultades en lo concerniente a herramientas, provisiones, finanzas, administración, y hasta al mismo personal misionero, movieron a decidir el abandono de la misión Nam Cum de Aguará en 1954. En una carta al secretario general, el secretario regional (Litwiller, 1954) describía así la decisión de disolver la misión:

La misión, en lo que concierne a los Tobas, ya no existirá. Continuarán los misioneros, pero no la misión... El ganado ya no será herrado con las marcas de la misión, no se harán más préstamos para financiar el algodón: la misión se está yendo de Nam Cum. Los edificios que hay allí sólo serán el centro de operaciones de misioneros, pero incluso éstos serán jinetes ambulantes que vivirán entre los indios durante algunas semanas cada vez.

En 1956 también los edificios fueron abandonados, y los misioneros se trasladaron a los pueblos vecinos para dedicarse a la alfabetización y a la traducción de la Biblia, en lugar de las variadas actividades anteriores. Varios de estos misioneros se vieron posteriormente involucrados en el movimiento religioso independiente toba.

Además de estas dos misiones fundadas específicamente para los Tobas, existían iglesias de tipo pentecostal, que trabajaban entre ellos, aparte de su trabajo en lengua castellana llevado adelante en los pueblos y ciudades del Chaco. La primera de éstas fue la misión Go Ye, bajo la dirección de John Lagar, que sostenía haber entrado en contacto originalmente con los Tobas de Resistencia en 1941.

En los cuatro años siguientes [después de 1941] Dios nos dio una cosecha de almas entre estos indios Tobas, y hoy día hay más de 10 000 que adoran a un Dios vivo y no al sol y a la luna. Unos 3 600 de ellos han seguido al Señor en el bautismo y están tomando la Santa Comunión cada mes. Estos indios deben esperar de seis meses a un año antes de ser bautizados, a fin de probar su sinceridad y para mostrar el fruto de su renacimiento. (Lagar, 1946: 18, 19.)

La influencia de Lagar como desencadenante del presente movimiento fue sin duda de enorme significación. Muchos líderes tobas de iglesias independientes reconocen sus orígenes religiosos en Lagar. Además de lograr su conversión y bautismo, éste daba a los jóvenes indios clases de estudio de la Biblia. También los auxiliaba en problemas tales como documentos personales y de propiedad, y, en menor grado, en educación y salud. Su desprecio por la cultura toba —llamaba a los indios "borrachos, asesinos, ladrones y apaleadores de esposas" *(ibid.)*— evidentemente no enfrió el entusiasmo con el que los jóvenes recibían su mensaje.

Después de la muerte de Lagar, el trabajo en Resistencia fue encabezado por Clifford Long, si bien en sus relaciones con los Tobas resultó menos influyente que su predecesor. De hecho Shank (1949), en una carta a Henry Grubb, de la misión anglicana, dice lo siguiente: "Mr. Long ha sido prácticamente despojado de todo trabajo con los indígenas. Lo han dejado. Todavía trabaja entre algunos criollos." Durante este tiempo la misión Go Ye sostuvo a un argentino, Enrique Bogado, quien pasó largo tiempo entre los Tobas. No obstante, una disputa entre Bogado y Long determinó el alejamiento mutuo, y mientras Long asoció más tarde su iglesia hispanoparlante a un grupo conocido como Rayos de Luz, Bogado se unió por un tiempo a los bautistas.[27]

Otra misión de tipo pentecostal, Gracia y Gloria, trabajó entre los Tobas en el área de El Zapallar a partir de 1944. El líder primero fue un misionero norteamericano llamado Fred Knight, a quien se unió luego el británico John Dring, que originalmente había pertenecido a la misión Emmanuel pero que luego se separó de ella. Dring es el único trabajador que queda de esta misión. Actualmente conduce en español su trabajo en la ciudad de Formosa, con el nombre de Gracia y Gloria. Además de esto, hace visitas regulares a las comunidades tobas de la provincia de Formosa con fines de instrucción. Su punto de vista es el de las misiones de viejo estilo, con la preocupación por hacer ciudadanos "res-

[27] Esto no debe llevarnos a pensar que Long no tuviera ninguna influencia. Varios líderes religiosos contemporáneos fueron educados por él, y un líder principal recibe apoyo de Long en el presente. La influencia bautista tuvo carácter localizado y de poca significación entre los Tobas. En los últimos años de la década del sesenta los bautistas volvieron a trabajar entre los Tobas en Pampa del Indio.

ponsables" de los "conversos" enseñándoles oficios y administración de finanzas.

En varias ocasiones, durante los últimos años de la década del cuarenta, los misioneros protestantes entre los Tobas se encontraron en conferencias para compartir experiencias y discutir la política y la filosofía de la acción misionera. Se procuró reducir al mínimo la competencia por la clientela. Una de estas conferencias fue en Aguará, desde el 8 al 10 de abril de 1946. La lista de participantes incluía a Henry Grubb de la misión anglicana, Fred Knight de Gracia y Gloria, Enrique Bogado de la misión Go Ye, J. W. Shank de la misión menonita, y F. A. Sarli, delegado de la Confederación evangélica de iglesias del Río de la Plata. En aquel tiempo, cada misión tenía las siguientes iglesias establecidas entre los Tobas:

	Año de establecimiento
Misión anglicana	
Algarrobal (Salta)	1915
San Andrés (Formosa)	1926
Sombrero Negro (Formosa)	1930
San Patricio (Salta)	1934
Pozo Yacaré (Formosa)	1938
Santa María (Salta)	1940
La Paz (Salta)	1944
Misión Gracia y Gloria	
El Zapallar (Chaco)	1943
Siete Árboles (Chaco)	1943
Estanislao del Campo (Formosa)	1944
Formosa (Formosa)	1944
Laguna Mala (Formosa)	1944
Ibarreta (Formosa)	1944

	Año de establecimiento
Misión Go Ye	
Resistencia (Chaco)	?
Makallé (Chaco)	1936
Las Palmas (Chaco)	1943
Pampa del Indio (Chaco)	1945
Margarita Belén (Chaco)	1945
Misión menonita	
Tres Isletas, Legua 15 (Chaco)	1943
Aguará, Nam Cum (Chaco)	1943
Legua 17 (Chaco)	1944

Una de las decisiones tomadas en aquel encuentro fue la de fomentar las artesanías tobas y la de buscar salida para estos productos. En un encuentro posterior, los días 9 y 10 de julio del mismo año, se decidió negar la comunión a los chamanes ("médicos brujos") que rehusaran abandonar este trabajo.

En los últimos años de la década del cuarenta, Pedro Martínez, de Pampa del Indio, se convirtió en el nexo principal entre los Tobas y el gobierno peronista. En uno de sus viajes a Buenos Aires, según parece, el jefe Martínez entró en contacto con M. Mazzucco. Éste era líder de una gran congregación conocida como la Iglesia de Dios Pentecostal. Este contacto resultó de gran importancia para los Tobas de las provincias de Chaco y Formosa. Martínez viajó por toda la región, estableciendo "iglesias" y designando líderes religiosos locales.

En los últimos años de la década del cincuenta, luego de la muerte de Pedro Martínez, las relaciones entre la Iglesia de Dios Pentecostal y los Tobas comenzaron a desintegrarse. Los contactos fueron poco frecuentes, y muchos Tobas creyeron que estaban siendo abandonados y olvidados. Como resultado, muchas congregaciones de comunidades tobas continuaron operando sobre una base informal e independiente. Al presente, la Iglesia de Dios Pentecostal dedica su tiempo y energías a las iglesias hispanoparlantes y un programa local de seminario. Sólo una o dos iglesias tobas continúan recibiendo sostén y preparación de este grupo, si bien el director regional indicó en 1966 que estos lazos se estaban debilitando.

El singular fracaso de las misiones protestantes para lograr funcionar entre los Tobas de la manera originalmente prevista es de gran interés, sobre todo visto con la perspectiva del fracaso de las misiones católicas. Pero lo más llamativo es que, a pesar de la desintegración y finalmente el abandono de los lazos institucionales entre los Tobas y las diferentes misiones —Emmanuel, menonita, Go Ye, Rayos de Luz, Gracia y Gloria (persisten algunos lazos en Formosa, pero ninguno en el Chaco) y, finalmente, la Iglesia de Dios Pentecostal—, las congregaciones en las comunidades tobas continuaron creciendo y prosperando bajo liderazgo aborigen. Estos líderes encendieron un movimiento religioso vital en el tiempo en que las misiones protestantes se estaban desintegrando.

Un resultado de los esfuerzos misioneros evangélicos entre los Tobas (véase Miller, 1970) fue la imposición inadvertida de orientaciones de carácter naturalista. Por ejemplo, en los programas misionales se insistía en que las claves para resolver los problemas de escasez de alimentos eran el mejoramiento de las técnicas productivas y la expansión de los empeños en la agricultura. Esta orientación entraba en confrontación directa con la creencia tradicional toba de que el bienestar humano no dependía tanto de la responsabilidad tecnológica del hombre como del mantenimiento de una adecuada relación armónica con el mundo de los espíritus. Así, cuando la provisión de alimentos se tornaba escasa o faltaba la caza, el chamán consultaba a su *ltaxayaxaua* (espíritu compañero) para descubrir adónde migrar, ya que se creía que la armonía entre el hombre y la naturaleza había sido rota en aquel lugar particular. Con la introducción de una economía salarial y la consecuente pérdida de confianza en el chamán tradicional, se requirió una nueva base filosófica para interpretar el problema de la subsistencia. Los misioneros, con su punto de vista secular acerca de la economía, aparecieron justamente en esta coyuntura. El impacto sobre los Tobas debe haber sido considerable, ya que en el culto contemporáneo los asuntos económicos son separados claramente de las actividades religiosas.

En las escuelas de las misiones, este proceso de secularización involucraba tanto el método como el contenido. En el método, los misioneros insistían en que el proceso de aprendizaje requería de la concentración en el estudio y el razonamiento. Esto estaba en abierto contraste con las actitudes tradicionales hacia el problema del aprendizaje tales como infusión de poder, revelación a través del espíritu compañero, sueños o visiones. Al tratar el aprendizaje como un proceso natural, dependiente primariamente de la capacidad personal para concentrarse y reflexionar, más que en intuiciones reveladas a través de sueños y contactos espirituales, los misioneros sirvieron para "desencantar" o "intelectualizar" a los Tobas, en el sentido que Weber da a estos términos (véase Gerth y Mills, 1958:139). Además los temas enseñados también implicaban desencantamiento. Como ya se ha descrito, la cosmología toba postula un universo estratificado, con comunicación de seres espirituales entre las capas. Los misioneros también enseñaban que un ser sobrenatural había creado y controlaba el universo, pero el universo que ellos conceptualizaban era copernicano, basado en leyes físicas, con relaciones naturales de causa y efecto. Cuando el jeep se descomponía u ocurría algún percance, los misioneros explicaban el hecho como un accidente o falla natural, mientras que los Tobas se habrían visto inclinados a sospechar augurios y explicaciones no naturales. Con la introducción de mapas y globos terráqueos, los misioneros pusieron en entredicho la mitología tradicional.

En las clínicas, las enfermeras intentaban comunicar una concepción altamente naturalista acerca de la enfermedad y la medicina, lo que estaba en contraste directo con los puntos de vista tradicionales que veían la enfermedad como resultante de la intrusión de objetos y pérdida del alma. Para los Tobas, un individuo se enfermaba porque había alguien que quería dañarlo, y no debido a encuentros fortuitos con gérmenes. Sólo los chamanes y brujos tenían el poder de causar enfermedades u otras dolencias físicas. La comprensión de los misioneros acerca de la enfermedad, por el contrario, incluía el diagnóstico adecuado (lo que dependía de una adecuada preparación) y la obtención de las medicinas requeridas. Los gérmenes causan enfermedades comportándose en el cuerpo de una manera más o menos predecible, y por lo tanto pueden en general ser controlados y destruidos por medios naturales. El papel de los misioneros, al romper las resistencias a la asistencia médica mediante el transporte de los enfermos a clínicas y hospitales y al alentar el uso de los remedios prescritos, modificó sensiblemente las actitudes de los Tobas con respecto a las enfermedades y su tratamiento.

Así, en lo que hace a los acontecimientos cotidianos de la experiencia humana, los misioneros sirvieron como el principal agente de secularización, reforzando las muchas otras presiones seculares sobre la sociedad toba, en lugar de apoyar la confianza en los poderes espirituales tradicionalmente conocidos. De esta manera, además del deterioro económico y el atentado contra su dignidad, los Tobas se vieron confrontados con la desintegración de su ideología fundamental. El alcance de este despojo es el asunto de la siguiente discusión.

CARENCIA Y POBREZA

El impacto de la conquista, la colonización y la acción misionera dejó su huella en los Tobas. Este impacto no fue sustancial durante los largos siglos de contactos superficiales. Sólo tuvo efecto significativo después de 1884, cuando la interacción con el hombre blanco comenzó a afectar el proceso fundamental de toma de decisiones. Antes de la conquista militar del Chaco, los Tobas habían sido libres de actuar prestando poca o ninguna atención a las decisiones tomadas desde el exterior. Después de ella, por el contrario, su autonomía declinó bruscamente. Decisiones tomadas desde el exterior iban a ser impuestas a los Tobas en unas pocas décadas, a propósito de tenencia de la tierra, movilidad geográfica, acceso a fuentes de alimento tradicionales, condiciones de trabajo, programas concernientes a la salud, la educación y el bienestar, documentos legales para la participación en la sociedad argentina y para asambleas públicas, y aun la propia organización social (el gobierno instituyó el cargo de *cacique general,* para luego anunciar en 1962 que este cargo ya no sería en lo sucesivo reconocido). En ninguna de estas decisiones los Tobas fueron consultados, si bien eran ellos los afectados directamente.

En este contexto adquiere significado el concepto de despojo. Aberle, en su "tipología de despojos relativos", enumera "las áreas de posesiones, estatus, conducta y dignidad" (1966:326). Cada uno de estos tipos fue profundamente sufrido por los Tobas a lo largo del siglo pasado.

En términos de la economía, el despojo más serio afectó el acceso a los recursos alimentarios y la explotación del trabajo indígena en las industrias regionales. Antes de la aparición de la industria maderera en 1860, la presencia de colonos europeos en las provincias de Santa Fe y Corrientes parecería haber mejorado la posición económica de los Tobas, debido a las oportunidades que se presentaban para el robo de ganado. Cuando el Chaco fue sometido al control gubernamental, no obstante, este tipo de correrías fue severamente penado con estrictas sanciones. Junto con esta baja en cuanto a la disponibilidad de ganado sobrevino un confinamiento cada vez mayor dentro del mismo Chaco. Las grandes extensiones de tierras fueron demarcadas y reclamadas por los estancieros, mientras que las pequeñas lo eran por los agricultores. La creciente colonización empujó a los

Tobas hacia áreas marginales y los redujo a una base territorial cada vez menor. El espacio que los Tobas habían ocupado acabó por ser considerado tierra fiscal, la cual no podía ser legalmente vendida. Técnicamente, no obstante, se podían vender las *mejoras,* tales como construcciones, pozos, alambrados, etc., pero llevando a cabo en realidad una venta de propiedad. Consecuentemente, en tiempos de crisis económicas, o cuando la demanda de la tierra se hacía muy grande entre los criollos o los gringos,* los Tobas "vendían" tierras. Esta demanda de tierras ocupadas por los Tobas es algo que continúa hasta el presente. El resultado es que los Tobas han sido cada vez más confinados a asentamientos restringidos, limitando su acceso a los importantes recursos de caza, frutos silvestres y pesca.[28] A medida que estos recursos se hacían más y más escasos, los Tobas se vieron obligados a trabajar para los intrusos empresarios, ganando salarios que les permitían comprarles tallarines y fideos (la comida más barata que hay en plaza). El resultado fue una aguda disminución en el consumo de proteínas, y un aumento correspondiente en el de hidratos de carbono. Viniendo como venían de una época de correrías en pos del ganado, en la que el consumo de proteínas había sido relativamente alto, los Tobas tomaron aguda conciencia de haber sufrido un despojo económico.

La dieta de inferior calidad fue acompañada de una mayor susceptibilidad a las enfermedades del invasor, tales como sarampión, tuberculosis, sífilis y blenorragia. Los pocos datos disponibles indican índices muy altos de tuberculosis (80%) y sífilis (50%).[29] Los chamanes se

* A diferencia de otras partes de América Latina, en la Argentina se denomina gringo casi exclusivamente al italiano, por ser la mayoría de los inmigrantes de esta procedencia. [T.]

28 Esta aseveración puede ser fácilmente verificada en los archivos provinciales de Resistencia, tales como los de la Dirección de Tierras, la Dirección del Aborigen, y el legajo Indígenas del Archivo Provincial.

29 Comunicaciones personales del doctor Rousseau de Resistencia y del doctor Cicchetti de Castelli. Para los datos publi-

ven en dificultades para habérselas con las nuevas enfermedades, lo que deteriora aún más los sistemas sociales e ideológicos tradicionales.

Muchos negociantes locales disentirían de esta visión de la economía y la salud entre los Tobas. Afirman que los indios "nunca la pasan mejor" que durante la cosecha de algodón, cuando el dinero corre libremente y cuando la carne y el vino están al alcance de todos. Lo que el patrón no percibe, no obstante, es que la cosecha del algodón representa una excepción en el calendario de los Tobas. Aun entonces, lluvias excesivas o sequías determinan malas cosechas, dejando a los Tobas sin ninguna fuente fija de ingresos con que cubrir sus necesidades de subsistencia básicas. En estas ocasiones el patrón manda a los cosecheros tobas de vuelta a sus hogares, donde él no está obligado a ver sus esfuerzos por sobrevivir a duras penas a base de frutos silvestres, raíces, miel, caza y cultivos. Estos recursos son particularmente escasos fuera de la estación del algodón, desde junio hasta septiembre. Todavía en 1964, un respetado líder del culto toba fue muerto a tiros cuando entraba en una estancia de cuarenta y siete kilómetros cuadrados para cobrar un animal que había herido. El acceso a los recursos de subsistencia ha sido prácticamente cerrado a los Tobas desde el siglo pasado.

La despiadada explotación de los Tobas en obras públicas, plantaciones de algodón y caña de azúcar, y aserraderos fue claramente documentada ya en 1904 (Bialet Massé) y 1919 (Niklison). La naturaleza de esta explotación ha sido también descrita por García Pulido (1951). Muchos migrantes tobas que hoy en día se han trasladado a los centros urbanos argentinos indican que la explotación continuada y el tratamiento injusto fueron factores significativos de su éxodo.

Aberle indica que existe una carencia relativa de esta-

cados véase Arnedo y Cervera (1970). Debe aclararse que los porcentajes indican infección y no enfermedad. Mientras que 80% está infectado por tuberculosis, sólo 5% está en realidad enfermo.

tus cuando "individuos, categorías o grupos no adquieren los estatus que consideran legítimamente suyos" (1966: 327). La relegación de los Tobas al estatus inferior de asalariados, dependientes de los antojos de un patrón, implicó ciertamente pérdida de estatus. Por añadidura, el tradicional conocimiento del medio que tenían los Tobas, en otra época altamente valorado, carecía de importancia para los colonos blancos. El resultado fue que muchos Tobas llegaron a valorarse en términos del grado de su aceptación por los *doqshi,* los blancos. Con respecto a esta aceptación se desarrollaron actitudes ambivalentes: algunos Tobas la rechazan con disgusto, mientras que otros se esfuerzan por obtenerla con un ansia rayana en la paranoia. Aquellos Tobas que aspiran a lograr la aceptación total en la sociedad criolla se preocupan por hablar un castellano suelto, vestir adecuadamente y adoptar los hábitos alimentarios criollos. Esto implica el rechazo de platos tradicionales como la algarroba, la carne de ñandú, etc., que no entran en el menú criollo. Los Tobas de condición rural, junto con aquellos Tobas urbanizados que se encuentran en estado de revitalización, miran con desdén el rechazo de la cultura tradicional.

La pérdida de estatus consiste en el hecho de que no sólo está definido en forma ambigua, sino también en que tanto en la aceptación como en el rechazo de los estándares criollos, el estatus se determina por comparación con la sociedad blanca. Las categorías tobas se han vuelto insuficientes para determinar por sí mismas posiciones de estatus.

La carencia conductal fue definida como el desplome de los mecanismos tradicionales de control que aseguraban acciones responsables por los miembros de una sociedad. Aberle pone como ejemplo particular el derrumbe de las normas matrimoniales y los hábitos sexuales tradicionales entre los Návajos (1966:327). Pueden establecerse ciertos paralelismos entre la situación de los Tobas y la de los Návajos. Los Tobas de la generación más joven conocen lo que los más viejos consideran una irresponsable libertad sexual, que a veces trae aparejada una promiscuidad incontrolada, como en algunos asentamientos urbanos en donde las enfermedades venéreas se han vuelto un serio problema. Tradicionalmente, los padres y abuelos desempeñaban un papel fundamental en la unión de las jóvenes parejas, y supervisaban bien de cerca los primeros años de matrimonio. Si la pareja no era compatible, o si el joven no gustaba a la familia de la muchacha, la unión era disuelta y se formaba una nueva. Aparte del control paterno, el miedo a la brujería y a las represalias de los espíritus servía también para regir las prácticas sexuales. Todas estas formas de control se han desbaratado en el medio urbano y —con excepción del incremento en la brujería— no ha sido creado aún ningún mecanismo nuevo que pueda regular la mencionada libertad. Lo crítico de la carencia conductal es que las normas culturales son abandonadas sin que nada las reemplace, creando insatisfacción y frustración hasta que no se haya desarrollado un nuevo sistema de normas.

En el centro del sentimiento de carencia que sufren los Tobas se encuentra de seguro la conciencia de su valor. Se dan dolorosamente cuenta de que, aparte de mano de obra no especializada, poco ofrecen a la sociedad argentina. Su extraordinario conocimiento de la vida animal y vegetal es totalmente ignorado por la sociedad dominante. Si bien unos pocos curanderos tobas han impuesto algo de respeto y han adquirido cierta clientela entre los criollos, su influencia es mínima. El interés de los turistas en las artesanías tobas (sobre todo en la cestería y la cerámica, recientemente reanimadas) ha producido algún pequeño sentimiento de satisfacción, pero el impacto global ha tenido muy pocas consecuencias en lo que hace a la constitución del yo. Las presiones en el sentido de llevar a los Tobas a la adopción de actitudes y prácticas de los blancos fueron abrumadoras, con casi ningún reconocimiento de la enorme riqueza de sus valores tradicionales. A medida que los Tobas se fueron incorporando a la moderna sociedad industrial, estas presiones crecieron. El efecto deshumanizador de esta situación nos ayuda a comprender el deseo a veces patológico de aceptación y reconocimiento por la sociedad blanca. El recuerdo nostálgico de los tiempos de los guerreros orgullosos, por los viejos jefes chamanes, es sólo un síntoma de la conciencia de la pérdida.

Quizás la palabra que refleje más acertadamente los sentimientos de los Tobas con respecto a su posición contemporánea frente a la sociedad argentina sea "injusticia". El concepto en sí ha sido tomado de la sociedad mayor, y es el que los políticos y filósofos utilizan frecuentemente para lamentarse de la situación de los indígenas. Hombres sensibles con intenciones nobles se declaran contra los agravios perpetrados contra el indio (subrayando para los Tobas lo que éstos desde hace tanto tiempo ya conocían y sentían en carne propia), al tiempo que ninguna solución realista parece visualizarse en lo venidero. Los programas apuntados hacia una mejor educación y hacia la capacitación laboral generalmente son demasiado poco y llegan demasiado tarde, contribuyendo a provocar mayor frustración. No podrán esperarse resultados más positivos hasta que la iniciativa y la forma de pensar de los Tobas no sean incorporadas en la planeación de los programas. En el ínterin, los Tobas han buscado sus soluciones propias.

4. CREENCIAS MOVILIZADORAS

A medida que la toma de conciencia de los Tobas acerca de su carencia frente a la sociedad argentina cristalizaba durante las primeras décadas del siglo xx, fueron surgiendo diversos líderes que intentaron conducirlos hacia una vida más satisfactoria. Estos líderes buscaron remediar aquellas injusticias locales que ellos identificaban como las causas principales de las dificultades de los Tobas. En cada caso pedían a sus seguidores que aceptasen su formulación del problema, y su apoyo para algún tipo determinado de acción. La mayoría de estas acciones fue de corta duración, y de un impacto regional y limitado. No obstante, a medida que el sistema adaptativo de los Tobas iba sufriendo una coacción creciente debida a la situación colonial, estas acciones esporádicas y dispersas fueron tomando una expresión más general. Los intentos por reducir los esfuerzos y tensiones en un área determinada despertaban respuestas afines en otras áreas. Las primeras acciones fueron primariamente militantes, con un sentido abiertamente agresivo. Cuando se hizo patente que este tipo de respuesta resultaba inútil, las reacciones adquirieron una naturaleza más pasiva. Dentro de este contexto, el pentecostalismo vino a proporcionar la síntesis creadora capaz de iniciar un movimiento susceptible de abarcar todo el ámbito cultural.

ESFUERZOS CHAMÁNICOS PARA LOGRAR EL RESTABLECIMIENTO DE LA ARMONÍA

Luego de la campaña de 1884, en la que los jefes Cambá e Inglés fueron derrotados, los Tobas abandonaron la resistencia armada en gran escala contra la expansión colonial en el Chaco. La mayor acción militar fue quizás la emprendida por el jefe Matolí en 1909 contra los fuertes Brown y Warnes, junto al río Bermejo, en la que los soldados de las guarniciones fueron, según se dice, decapitados (Balado, 1966:15). En dos semanas las tropas nacionales vengaron aquella acción, matando a Matolí y a sus principales compañeros. Algunos viejos jefes recuerdan vagamente este incidente, refiriéndose respetuosamente a Matolí como valiente y belicoso. El motivo de la acción ya no se puede aclarar ni por los informes de la época ni apelando a la memoria de los Tobas. En las palabras de un jefe (Informante I:1), "fue cuestión de justicia toba". Pero como hay poca o ninguna evidencia de que los Tobas emprendieran acciones agresivas sin una causa específica, lo más probable es que se tratara de la reacción de Matolí contra alguna agresión de los soldados.

De acuerdo con un reportaje del diario porteño *La Prensa,* reproducido el 20 de julio de 1911 en el diario chaqueño *El Colono,* cinco familias fueron muertas cuando intentaban colonizar la región central del Chaco, lo que, según se dijo, produjo en represalia la matanza de 180 aborígenes (véase Balado, 1966:19-20). Este reporte no es corroborado en ninguna otra fuente, ni oral ni escrita.

Una escaramuza pequeña entre criollos y tobas tuvo lugar alrededor de Napalpí en 1916. Los informantes tobas (I:1, I:2, II:1, II:2) aseguraron que el problema surgió del "desprecio" y del "sufrimiento". Ocho años más tarde un diario regional se refirió a este incidente como una revuelta "justificada hasta cierto punto por una situación de hambre" *(La voz del Chaco,* 19 de mayo de 1924, p. 1). Durante el mismo año, una insurrección considerable fue reportada entre los Tobas bolivianos del alto río Pilcomayo, donde fueron muertos y dispersados colonos (véase Kanter, 1936:339).

La principal acción chamánica que abrió el camino para el movimiento ulterior del culto tuvo lugar en 1924 en la Colonia Chaco, al sur de Napalpí, en el lugar corrientemente conocido como *La Matanza.* Este acontecimiento dejó una profunda huella en la conciencia de los Tobas, y es recordado con fuerte impresión aún por los Tobas que no participaron en él. Mis fuentes en lo concerniente a este hecho son las siguientes: 1] los relatos de seis informantes, varones y mujeres, que participaron en él; 2] el relato del colono alemán Tolten (1936), testigo ocular de la acción; 3] entrevistas con dos colonos y un policía que estuvieron envueltos en la acción; 4] reportajes en periódicos nacionales y regionales; 5] las actas del debate sobre el episodio en el Congreso Nacional.[30] Deberá tenerse en cuenta que los informes orales fueron registrados entre treinta y cinco y cuarenta y ocho años después del hecho, el cual en el ínterin ha adquirido un aura de mito. No obstante atendemos en primer término a la interpretación toba de los hechos, máxime por estar avalada y clarificada por fuentes históricas.

La mayoría de las fuentes concuerdan en que el motivo fundamental del desgraciado episodio fue la explotación y el desprecio por los derechos humanos de los aborígenes. Los colonos de la zona habían presionado al gobernador para que se forzara a los indios a permanecer en el territorio del Chaco para recoger su algodón, en vez de permitirles migrar a Salta y Jujuy para trabajar en la industria azucarera (cf. *La voz del Chaco,* 5, 6, 10 y 16 de mayo de 1924). Este hecho se produjo inmediatamente después de una discusión considerable acerca de una reserva indígena ubicada en la remota región del Bermejo y el Teuco, donde los indios habrían sido confinados y de donde sólo se les habría permitido salir para

[30] No considero fuente a Cordeu y Siffredi (1971), ya que basan sus comentarios en mi disertación (1967) y en varias de las fuentes mencionadas. No aportan nuevos conocimientos, sino sólo interpretaciones precipitadas y dudosas (véase Miller, 1973a). El estilo de Tolten despierta algunas dudas sobre su capacidad para presentar un informe imparcial y objetivo, pero, no obstante, su íntima familiaridad con el área señala incuestionablemente que su información era de primera mano.

trabajar en los campos locales de algodón y caña de azúcar (*La voz del Chaco,* 22 y 26 a 29 de febrero, y 1 de marzo de 1924). No sólo eso: los administradores de la Colonia Chaco en Napalpí habían impuesto un 15% de recargo en la adquisición del algodón de los indígenas, como ayuda para el pago de caminos, escuelas y embarques. Esta acción fue tomada sin consulta ni aviso, y despertó las sospechas de los indios de ser víctimas de un trato injusto. Por si esto fuera poco, había una continua persecución y abuso por parte de la policía local, que incluyó el asesinato del jefe Sorai, un viejo y respetado chamán (Tolten, 1936:68; *Heraldo del Norte,* 1925:4). Este incidente produjo una tensa atmósfera de incertidumbre que fue explotada por varios líderes que buscaron corregir lo que se había tornado una situación intolerable.

Varios factores adicionales probablemente jugaron también su papel en el curso de los acontecimientos. En primer lugar, los líderes mocovíes se movilizaron justo en el momento en que los líderes tobas preparaban su reacción colectiva. La competencia por prestigio y poder entre los líderes tobas y mocovíes probablemente haya dado por resultado una acción más drástica de lo que habría sido en otras circunstancias. En segundo lugar, la experiencia de los Tobas en la huelga general del ingenio Las Palmas, varios años antes, muy bien podría haber contribuido a su determinación de resistir el trato desleal en la Colonia Chaco. Este episodio acaso influyó también en la respuesta de los administradores de la colonia a las actividades iniciales, endureciendo las posiciones de ambas partes. En tercer lugar, en el Congreso se insinuó que los almaceneros de los alrededores fomentaron la reacción contra el 15% de recargo y alentaron a los indios a oponerse a él enviando su algodón a los almacenes para saldar deudas acumuladas allí (Cámara de Diputados, 1924:420-421). En cuarto lugar, de acuerdo con el *Heraldo del Norte* (1925), una prolongada lucha entre indios y colonos en El Cuchillo y en El Pintado (en el noroeste del Chaco) durante el año 1923 también habría jugado un importante papel en la gestación de la resistencia indígena en Napalpí. Los rumores sobre las atrocidades perpetradas contra los indios sirvieron para atizar el espíritu de rebelión. Finalmente, las encontradas políticas indígenas del gobierno provincial, representado por el gobernador Centeno, y del gobierno nacional, representado por la Comisión Honoraria de Reducciones de Indios de Buenos Aires, contribuyeron a complicar el panorama. La actitud del gobierno local era de mano dura y control firme, mientras que la actitud nacional era más favorable a los indios, si bien teñida de paternalismo. La diferencia entre las dos políticas fomentó la ambigüedad y permitió a los líderes creativos perseguir sus propias soluciones mediante el enfrentamiento de un grupo contra otro.

Es dificultoso reconstruir claramente las actividades que llevaron a la formación del grupo aborigen de La Isla del Aguará. Las figuras principales incluyeron a los chamanes tobas José Machado *(Macha')*, Dionisio Gómez *(Llishaxaic)* y su hijo Pedro Gómez *(Soqolec)*, junto con los líderes mocovíes Pedro Maidana *(Yachaxanaxauaic)* y Miguel Durán. Machado, se dice, había adquirido poderes chamánicos poco usuales luego de haber sido atropellado por un tren cerca de Sáenz Peña y dado por muerto, pero —de acuerdo con algunos informantes (II:2, I:3)— fue devuelto a la vida por el famoso cacique Moreno. Varios informantes (I:3, I:2) aseguran que su cuerpo habría sido decapitado, mientras que otros sólo indican que fue mortalmente herido (II:2, I:1). Como quiera que sea, como resultado de su encuentro con la muerte Machado habría obtenido el poder de conversar con los espíritus de los muertos, incluyendo el del famoso jefe Soria, muerto anteriormente por la policía de Sáenz Peña (I:3, II:2). De acuerdo con Tolten, el líder principal era Dionisio Gómez, que habría entrado en contacto con el espíritu del chamán fallecido, prometiendo volver a la vida a todos los indios injustamente asesinados por la policía. Tolten también informa que Gómez usaba un cartucho de máuser sin explotar como talismán, diciendo que tenía el poder de desviar las balas de la policía (1936:59-60). No obstante, los informantes tobas se refirieron a Gómez como farsante, un *napinshaxaic*, que pretendía demostrar poder sin tenerlo. Esto habría quedado demostrado por el hecho de que Gómez fue muerto en la batalla subsiguiente, mientras que Machado logró escapar. Tanto Machado como Gómez fueron considerados *'oiquiaxaic*, personas con poderes excepcionales para comunicarse con los espíritus de muertos poderosos.

La formación de la congregación de La Isla del Aguará aparentemente fue impulsada por la aparición de *Saquiaxaic*, el espíritu difunto del famoso chamán de Sáenz Peña. Este espíritu hablaba al pueblo desde una "casa" o capilla que fue construida para este propósito. La capilla era completamente cerrada, con excepción de una pequeña ventana. Contenía también santos y reliquias. El mensaje de este espíritu era aparentemente muy explícito. La gente venía desde todas partes para preguntar sobre sus allegados. Servía como médium, comunicando mensajes de parientes que vivían en lugares lejanos. También incitaba al pueblo a trabajar y a detener la lucha con los blancos, prometiendo la resurrección de aquellos que fuesen muertos injustamente.

Un hecho que provocó particular encono fue un mensaje de *Saquiaxaic* al líder mocoví Miguel Durán, en el que le solicitó entregar una yegua a Machado. Durán no sólo se negó a entregar la yegua, sino que acusó a la "Voz" de ser blanda frente a los blancos, instigando a la gente a tomar acciones más drásticas para reparar las injusticias que se habían cometido contra ellos. Este conflicto entre Durán y el espíritu difunto, representado en persona por Machado y posiblemente también Gómez, desembocó en una división grave que iba a tener consecuencias a largo alcance. Por un tiempo, la "Voz" siguió llegando para consolar al pueblo allí congregado. Hasta llegó a anunciar el arribo inminente del gobernador, prometiendo entrar en la mente del mismo y "pellizcarlo" si comenzaba a hablar en contra de los indios (1:3). El gobernador, en efecto, visitó la colonia el 19 de mayo de 1924 (reportado en *La Voz del Chaco,* 27 de mayo de 1924), y habló convenientemente. De acuerdo con el *Heraldo del Norte* (1925:12) prometió: 1] un nuevo administrador para la colonia, 2] la supresión del 15% de recargo, 3] la liberación de los prisioneros indígenas de Resistencia, la mayoría de los cuales estaba enferma, y 4] una dádiva de 1 000 kilos de galleta y la carne de dos vacas, "ya que los pobres desdichados no habían comido por varios días". El mismo diario dice que invistió a Maidana, a Machado y a un tal Carlos con autoridad policial, dándoles armas y uniformes para mantener el orden "sin intervención de la administración".

El papel preciso de Pedro Maidana en todo esto es difícil de determinar. De acuerdo con un informante toba (I:3), Maidana era en parte salteño, siendo su sobrenombre justamente "el Salteño". Su esposa aparentemente era mocoví, pero los Tobas lo consideraban a él medio criollo. Se dice que fue un organizador y agitador que jugó un papel crucial en El Aguará. El senador Leirós (Cámara de Diputados, 1924:321) afirmaba que Maidana había trabajado en la Colonia Napalpí prácticamente desde su fundación. Aparentemente, ni Durán ni Maidana tenían el grado de poder sobrenatural exhibido por Machado y Gómez, si bien al menos un informante (II:1) se refirió a Maidana como un *'oiquiaxaic.*

Después de un tiempo, probablemente a principios de junio, *Saquiaxaic* (la "Voz") se enojó porque Durán (¿con el apoyo de Maidana?) y cierto número de seguidores se opusieron a su mensaje conciliatorio. Un día aquél apareció con un revólver, disparó a la capilla y anunció que se iba para nunca más volver. Al día siguiente todas las reliquias habían desaparecido (informante I:3).

Muy poco después llegó una "falsa Voz", que no se mostró a la gente ni reveló su nombre. Recomendaba bailar el *chamamé,** lo que se hizo, al principio varias

* Danza con ritmo de polca característica del Nordeste argentino [T.].

veces a la semana, y luego todos los días. Alentaba a la gente a jugar futbol, a robar ganado, y los instigaba a, de ser necesario, matar a los vecinos blancos. La "Voz" imitaba algunas veces a la de *Saquiaxaic*. Otro informante (I:2) recordó que su familia había pasado una semana en La Isla del Aguará, en cuya ocasión él personalmente había procurado saludar a esta "Voz", creyendo que se trataba de la del chamán muerto por la policía de Sáenz Peña. Relata su experiencia como sigue:

Su mano era muy débil y blanca. Formamos una línea para pasar por ahí y saludar a este "hombre". Él estaba dentro de la casa, una casa larga de pasto, y nosotros estábamos afuera. Llegábamos, metíamos la mano y nos la estrechaba. A veces, cuando estábamos reunidos afuera, hablaba con una voz baja y chillona. Su voz decía que deberíamos matar blancos. Era un mentiroso.†

Durante este período hubo un enorme incremento de actividad, y la población alcanzó, de acuerdo con Tolten (1936:61), unas 600 almas. En nombre de la "Voz", los jefes solicitaron que aquellos que se unieran al grupo contribuyeran con todo su dinero y posesiones para el consumo colectivo. El sostén económico operaba sobre esta base, junto con el robo de ganado cuando era necesario. Un informante (I:3) afirmó que "para compensar las cosas, los indios mataban cierto número de ganado del hombre blanco". Tolten (1936:68) estimaba que estas incursiones producían miles de pérdidas, pero evidentemente se dejaba llevar por la propaganda de los colonos. El diario de sesiones de la Cámara de Diputados (1924:422) nos dice que la importancia de estas incursiones se exageraba deliberadamente, y que entre grandes y chicas no habían sido muertas más de 50 cabezas de ganado. Los informantes tobas insistieron en que eran principalmente los Mocovíes los que realizaban las incursiones, y volvían con enormes reservas de carne, pero algunos periódicos implican en esto también a Gómez. Era una práctica común de los chamanes el requerir un pago por sus servicios y habilidades (a pesar de que estos pagos eran frecuentemente la causa de muchas disputas y animosidades). Así, los seguidores cedieron espontáneamente sus bienes, si bien un informante (1:2) indicó que su padre había objetado la imposición, y que había tenido una visión según la cual estas actividades habrían de tener un mal fin. Por consiguiente, él sacó de allí a su familia, secretamente para que Machado no se indignase. El mismo informante recordó que había danza todas las noches, incluyendo la "danza de la cadena" de los Mocovíes, que era nueva para él.

A medida que la población de El Aguará crecía, y que las actividades de sus miembros se hacían más hostiles, los colonos blancos se iban alarmando cada vez más. Tolten (1936:62) afirma que se habían enviado "largos telegramas, uno después de otro, con numerosas firmas, al ministro del Interior en Buenos Aires". Al menos un telegrama (citado en *La Prensa* del 19 de julio de 1924, p. 16) fue enviado desde Quitilipi al ministro de Comercio, pidiendo armas y protección. En el mismo telegrama se informaba erróneamente de cuatro asesinatos y pillajes. Un pedido para que acudiera caballería de Buenos Aires fue rechazado, pero un regimiento fue puesto en estado de alerta y listo para marchar si fuese necesario.

La instigación a matar a los blancos finalmente fue cumplida cuando un francés, que había herido a un Toba en una pelea, fue emboscado y muerto por un grupo de El Aguará. De acuerdo con *La voz del Chaco* (16 y 17 de julio de 1924), el francés fue muerto en la casa del colono Juan Retamozo, donde habían ido los indios para robar ganado. El mismo periódico informa que un trabajador paraguayo fue muerto en el campo de González. A pesar de los tan difundidos rumores sobre asesinatos en masa, y del pánico generalizado que llegó incluso hasta el norte de Santa Fe, estas dos muertes son las únicas documentadas. Un informante toba (1:3) afirmó que doce blancos habían sido muertos "con arco y flechas, lanzas y macanas", pero de seguro se trata de un error, ya que ninguna otra evidencia apoya esta versión.

Ostensiblemente, fueron estas muertes las que provocaron la venida de la policía desde Resistencia. De acuerdo con *La voz del Chaco* —un vocero progubernamental— del 19 de julio de 1924, alrededor de 200 policías tomaron parte en la acción. Éstos fueron, además, acompañados por un número indeterminado de voluntarios del lugar bien armados. En las palabras de Tolten: "El día siguiente, el terrible dieciocho de julio de 1924, amaneció frío y húmedo y cubierto por la neblina." Relató la carga de la policía y el hedor de la muerte, sosteniendo haber sido un testigo de la "espantosa masacre". "Ninguno de los policías sufrió el más ligero rasguño, debido a sus máuser de largo alcance" (1936:107, 110-112).

De acuerdo con otro informante (I:3), cuando la policía llegó a El Aguará sus órdenes eran disparar al aire, por sobre las cabezas de los indios, para inducirlos a dispersarse. No obstante, como los líderes habían anunciado que los proyectiles de la policía se desviarían, este acto dio a los indios aún más confianza, haciéndoles creer que la magia había tenido efecto y que los proyectiles finalmente volverían para matar a los propios policías. Así envalentonados, tanto los Tobas como los Mocovíes salieron audazmente de su aldea, y fueron asesinados por los máuser ahora apuntados hacia ellos. El reporte del Congreso expresa que "los indios no hicieron nada por defenderse, y mucho menos atacar a los soldados, como ha sido afirmado" (Cámara de Diputados, 1924:422). La última observación se basó en el testimonio de un piloto que sobrevoló la escena de la masacre en un pequeño aeroplano. Las estimaciones sobre el número de muertos y heridos varían grandemente. Un informante (I:3) afirma que hubo trescientos muertos. Otro (I:2) habla de cuarenta. Tolten simplemente hace notar que pocos escaparon. La estimación más confiable es el dictamen de la investigación hecha por el Congreso Nacional. Ahí se dice: "Entre muertos y heridos, deben haber sido más de doscientos" (Cámara de Diputados, 1924:422). Un informante fidedigno (I:3) asevera que sólo fue muerto un Toba de nombre Piyo', mientras que quince Mocovíes, entre ellos niños, fueron asesinados. Esto, sin embargo, no da cuenta de muchas otras muertes que fueron, según todas las apariencias, bien documentadas.

Otro informante (II:1) recordó sus experiencias "en la casa larga en que se bailaba todas las noches". Asevera que fueron los Mocovíes los que mataron a los blancos, provocando la llegada de la policía. Según su opinión, Maidana era "muy malo", deseoso de matar. El relato de su escapatoria fue el siguiente:

Cuando Maidana, Gómez y otros murieron, nosotros nos volvimos y nos escapamos al monte. Mi padre y todos nosotros corrimos juntos hacia el monte, sin caballo ni perro, para no hacer ruido. Viajábamos sólo de noche, y nos escondíamos durante el día. Más de un mes nos escondimos así en el monte. Toda la gente huyó al monte grande, hacia el norte, en la zona de Zaparinque, para escapar. Cientos de nosotros huimos juntos. Vivíamos con miedo. El padre de Fermín Notagai fue herido, y su hijo lo llevaba para no dejarlo atrás. Luego de más de un mes de estar escondidos, unos pocos de nosotros nos animamos a ir a trabajar. Finalmente, Andrés Parra le dio trabajo a la gente en Pampa Grande.† (II:1.)

Otro informante (I:3) nos dijo que su madre huyó con sus tres hijos al monte, sin llevar nada salvo una bolsa con ropa limpia que encontró a mano. Ella estaba extremadamente asustada por el aeroplano que volaba por sobre las copas de los árboles observando a los que escapaban. Cuando éste voló sobre su cabeza, ella se escondió bajo una mata de cardo. Pasó casi toda la noche buscando a su marido, que había escapado en otra dirección con un grupo de Mocovíes. Se encontraron a la madrugada siguiente. El padre del informante volvió sigilosamente a la casa por una bolsa de azúcar y algo de carne seca (charque) que les sirvieron de alimento por varios días. Viajaron hacia el norte hasta Tacuruzal, donde salieron para quedarse donde un colono blanco conocido. Sólo luego de dos meses volvieron a Colonia Chaco.

Todos los informantes concuerdan en que Machado escapó sin un rasguño, mientras que toda la familia Maidana fue muerta, con excepción de la vieja madre, que permaneció indefinidamente escondida en el monte. Hay controversia acerca de la suerte corrida por Dionisio Gómez. Algunos dicen que fue muerto, mientras que otros sostienen que solamente fue herido de gravedad.

En general, los Tobas afirman que ellos fueron engañados por falsos líderes. Una actitud especial, no obstante, es observada hacia Machado, ya que él fue quien entró originalmente en contacto con el espíritu bueno, *Saquiaxaic*, y que escapó milagrosamente. Así, al mismo tiempo que puede ser acusado de engaño, es también ampliamente respetado por su poder. El poder es respetado aun cuando se sospecha del hombre. Cuando los Tobas se refieren al episodio de 1924, aun aquellos que no participaron en las actividades invariablemente concluyen: "por esta razón todos nosotros seguimos ahora al Evangelio; éste nunca engaña". Como vemos, los sucesos de 1924 son interpretados en relación con el movimiento pentecostal posterior. Muchos de los informantes hablan de lo primero como derrota y fracaso, y de lo segundo como victoria y verdad. Varios informantes (I:2, I:5, II:1) se refirieron a la "pérdida total de confianza" en los chamanes luego de que el pueblo vio los efectos mortíferos de las balas de la policía. Si bien parte del complejo chamánico tradicional involucraba cierto grado de desconfianza y recelo (ya que si uno no llegaba a compensar adecuadamente a un chamán por su trabajo, o si de alguna otra manera lo ofendía, él siempre tenía el poder de hacer retornar la enfermedad, causando la muerte), este fracaso de los chamanes en sus intentos por revitalizar la sociedad toba evidentemente sometió el estatus chamánico mismo a sospechas y críticas mayores. El fracaso vino inmediatamente a continuación de otras contrariedades, como las dificultades encontradas para curar enfermedades adquiridas del hombre blanco y otras crisis asociadas con la vida sedentaria. Tradicionalmente un chamán lograba seguidores sólo cuando demostraba exitosamente su poder. Cuando fracasaba, perdía su clientela rápidamente. El abandono súbito de los líderes de 1924 simplemente estaba de acuerdo con esta práctica tradicional.

Los chamanes de Napalpí no fueron los últimos en imponer un liderazgo dinámico y efectivo durante un período de crisis extrema. Varios líderes posteriores adquirieron también una reputación que excedía los confines de sus operaciones regionales. Un líder de tal tipo fue *Natoxochi* (Evaristo Asencio), de El Zapallar, durante la primera parte de la década de 1930.[31] *Natoxochi* era un *'oiquiaxaic* que había recibido su poder de un poderoso espíritu llamado *Huapoloxoyi.* Este poder estaba depositado en bastones de madera de carandá *(tarquec)* denominados *nashilte,* de alrededor de 1.20 metros de largo. Estos bastones fueron distribuidos a otros chamanes poderosos, con la promesa de que les darían poder y larga vida. Se debía ser chamán para poseer un *nashilte,* ya que el poder podría hacer que uno enloqueciera si fuera usado descuidadamente o si de él se abusara. Todavía se recuerdan varios casos de individuos que no supieron tener el debido cuidado con sus *nashilte.* En cada caso, el individuo se volvió loco por cierto tiempo. El tal *Natoxochi* vestía un largo poncho que se abría en el medio, y viajaba en un burro. Aparentemente hizo varios viajes a Formosa, entre los *Tacshic,* para comunicar allí su poder y su mensaje. El mensaje incluía, principalmente, instrucciones acerca de tabúes alimentarios tradicionales y predicciones concernientes al futuro. Recalcaba

[31] Bartolomé (1971) se refiere erróneamente a este líder como *Natochi,* y Cordeu y Siffredi (1971), ateniéndose completamente a lo que dice Bartolomé, repitieron el mismo error. La interpretación de Bartolomé podría ser motivo de objeciones, ya que proporciona muy pocos datos, pero la de Cordeu y Siffredi sólo merece una abierta crítica, ya que utilizan estos escasos datos para inventar todo un estadio de desarrollo mesiánico (véase Miller, 1973a).

las reglas dietéticas para proteger a las mujeres de enfermedades nuevas y viejas. Su mensaje era nativístico, en el sentido de que se ponía el acento sobre los tabúes alimentarios tradicionales y el respeto por el poder de los espíritus.

En 1933 un gran grupo de Mocovíes viajó desde el norte de la provincia de Santa Fe, y desde la Colonia Chaco en Napalpí, para tratar de obtener el poder de *Natoxochi,* que les había sido denegado, según se dice. En el camino de regreso, la muchedumbre se dirigió hacia El Zapallar, con la intención aparente de buscar comida y ayuda. Las autoridades locales fueron presas del pánico, pidieron refuerzos a Resistencia (fueron enviados 16) y abrieron fuego sobre la multitud (estimada en 360 personas) cuando ésta iba llegando a El Zapallar *(La voz del Chaco,* 8 de septiembre de 1933). De acuerdo con este periódico, dos personas fueron muertas, muchas heridas, y dieciséis tomadas prisioneras. De acuerdo con los informantes, el número de muertos fue mucho mayor, y el triste episodio fue luego mencionado como una matanza sangrienta (véase Vázquez Gualtieri, 1958). El periódico informó también que el jefe mocoví Durán, que había estado involucrado en los acontecimientos de Napalpí, fue tomado prisionero. Esta parte de la información no pudo ser corroborada en otras fuentes, y sus implicaciones permanecen oscuras. El desenlace del incidente fue que se dio a los indios carne, galleta y té, y la muchedumbre se dispersó sin incidentes ulteriores *(La voz del Chaco,* 11-13 de septiembre de 1933).

Los bastones con poder *(nashilte)* eran distribuidos liberalmente por *Natoxochi,* pero el poder estaba limitado al dueño chamán. Cuando el dueño rezaba, o hablaba a la gente, usaba el bastón. Mucha gente rechazaba los bastones, diciendo que el poder era falso. Cuando murió *Natoxochi,* aproximadamente en 1938, el poder murió con él y los bastones fueron abandonados. Si bien la idea de bastones con poder era una noción vieja en la cultura toba (véase Métraux, 1937:177-178), *Natoxochi* le había dado un uso e interpretación nuevos.

Otro líder llamado *Chalataxaic,* de Pampa del Indio, tuvo también, hacia el mismo tiempo, sus seguidores locales, como una especie de profeta. Su mensaje concernía principalmente a la comida y el vestido. Incitaba a la gente a abandonar la vestimenta tradicional, quemándola en hogueras, y a andar desnudos hasta que llegaran ropas de tipo europeo. Algunos afirman que también sanaba a los enfermos, pero sólo cuando se presentaban ante él desnudos. La otra parte de sus instrucciones comprendía la prohibición de la mandioca y la batata, instando a la adopción de la galleta y los fideos, que debían llegar en avión desde Buenos Aires para reemplazar a aquéllas.[32] Los pocos que tomaron en serio su mensaje rápidamente acabaron hambrientos y con frío, y *Chalataxaic* nunca llegó a obtener realmente un grupo de seguidores. Hoy día es considerado un falso profeta, que extravió a la gente, y se le presta muy poca atención a este incidente.

Otros líderes bien conocidos, tales como *Taigoyi'* (Cacique Mayordomo) durante las dos primeras décadas del siglo, y Cacique Moreno posteriormente, proporcionaron un liderazgo más específicamente político, involucrando empleos y asuntos legales. No obstante, eran también chamanes *(pi'oxonaq)* que poseían poderes sobrenaturales. *Taigoyi'* tenía la reputación de repeler los proyectiles, lo que le sirvió muy bien en la huelga del ingenio Las Palmas, en 1919-1920, cuando él —se dice— protegió a sus compañeros tobas del fuego de los obreros huelguistas. Al parecer un proyectil atravesó su sombrero pero rozó apenas su cabeza, lo que sirvió para aumentar su reputación. El Cacique Moreno, por su parte, efectuaba acciones curativas del tipo de las de Machado, y predecía acontecimientos futuros mirando fijamente un pañuelo rojo que sostenía sobre su cabeza. Los dos hom-

[32] Este aspecto de esperar alimentos que deberían venir en aviones llevó a Bartolomé (1971) —y tras de él a Cordeu y Siffredi (1971)— a hablar de un *cargo cult.* Si bien el elemento de cargamento está ciertamente presente en la cultura toba, muestra una base filosófica muy diferente a la de Melanesia. Además, no hay evidencias de que haya surgido culto alguno.

bres —el primero de Pampa del Indio y el segundo de Las Palmas— eran ampliamente conocidos y respetados. Más que dirigir "movimientos" reivindicativos, cooperaban con los poderes administrativos para guiar a los Tobas en años difíciles sin provocar perturbaciones ni problemas para los administradores políticos y comerciales. No podemos referirnos a ellos como rebeldes, sino como mediadores entre las culturas. Nos muestran un tipo de dirigente toba que sucedió al liderazgo profético y espiritual anteriormente descrito. La caída de Moreno —como la de muchos líderes tobas— fue causada por las mujeres. Como resultado de "disipar su fuerza" con muchas mujeres (Informante 1:3), con el tiempo perdió virtud y fue incapaz de protegerse a sí mismo. A pesar de los esfuerzos combinados del naciente líder *Qachioñi* (Pedro Martínez), de La Pampa, y del ya establecido *pi'oxonaq Qalachiyi* (Juan Díaz) de Las Palmas, Moreno no pudo ser salvado y murió alrededor de 1940, poco antes del surgimiento del movimiento religioso que describiremos luego.

Los esfuerzos chamánicos tradicionales para restablecer la armonía, como vemos, tomaron diversas formas y comprendieron numerosas acciones, si bien ninguna alcanzó las proporciones de la de Napalpí. Fue probablemente este fracaso, más que cualquier otro incidente, lo que significó un serio revés para el oficio tradicional de chamán. Esta demostración pública de incapacidad chamánica y la decepción producida incrementaron las tensiones y engendraron la necesidad de desarrollar un nuevo tipo de liderazgo. Finalmente surgió un nuevo tipo de chamán, el líder *(dirigente)* del culto religioso contemporáneo.

LA NECESIDAD DE NUEVAS EXPLICACIONES

Se había tornado imperiosamente necesario lograr una explicación que sirviera de base para la formulación de un conjunto de creencias que permitieran a los Tobas organizarse en acciones colectivas capaces de reestructurar una situación que se había vuelto intolerable. Esta explicación debía necesariamente integrarse en la estructura cognoscitiva de la sociedad toba, que favorecía las respuestas mágico-religiosas. Era necesario, sobre todo, explicar la incapacidad de los Tobas para contener la penetración de los blancos, con su tecnología y estándar de vida superiores. También era necesario explicar el episodio de 1924 y el fracaso chamánico asociado a él. Además, como la posición de los Tobas se iba deteriorando cada vez más, se hizo imperioso el que fuera vaticinada la llegada de días mejores. Las creencias deberían identificar la fuente de las tensiones, así como indicar el tipo de acción a tomar.

Como todos los esfuerzos por restablecer la armonía habían fracasado o se habían frustrado (las migraciones dentro del Chaco se veían imposibilitadas después de haberse llevado a cabo la colonización masiva), los Tobas adquirieron el firme convencimiento de que todas sus dificultades habían sido causadas por el hombre blanco, y particularmente por los administradores y empresarios con los cuales estaban forzados a tratar. Consecuentemente, los tiempos antiguos fueron rodeados de una aureola y recordados con nostalgia. Ya se ha hecho notar que los mejores años en la historia de los Tobas probablemente hayan sido los inmediatamente anteriores a la colonización, cuando las incursiones en busca de ganado les proporcionaban alimento de gran calidad. Así, era lógico que se desarrollaran creencias que predicaban que la restauración de las glorias pasadas tendría lugar sólo con la expulsión de los blancos del Chaco. Varios de los líderes de Napalpí de 1924 hicieron precisamente este llamado, particularmente Durán y Maidana. Ésta no fue, por supuesto, una reacción atípica frente a la conquista. Ocurrió tanto en Norteamérica, con la danza de los espíritus, como en muchos movimientos proféticos y en los *cargo cults* de África y Melanesia.

El desastroso error de cálculo de los líderes de Napalpí sirvió para destruir de una vez y para siempre la esperanzada creencia de que los blancos podrían ser algún día expulsados del Chaco. Quedó penosa y patentemente claro que ellos estaban allí para quedarse. Consecuentemente, las predicciones de felicidad futura tuvieron que adquirir una nueva forma, que tomara en cuenta la presencia de los blancos. Además, la confrontación de los Tobas con armas, barcos y otros recursos tecnológicos europeos les mostró cuán limitado era el control que tenían sobre su medio. Se requería un nuevo síndrome de creencias que fuera capaz de explicar estos fracasos, pero que al mismo tiempo dejara en los Tobas un sentimiento de integridad. Una vez más la reacción fue lógica. Los chamanes vencidos fueron acusados de superchería. No fue el poder chamánico lo cuestionado, sino el mal uso y manipulación de ese poder. Esta distinción sutil permitió a los Tobas mantener sus creencias existenciales acerca de la naturaleza del universo y la relación del hombre con él. El mal uso del poder chamánico era un tema familiar en la cultura toba, que había explicado muchas dificultades previas.

No obstante, esto no era suficiente para proporcionar a los Tobas las bases necesarias para encarar acciones capaces de responder a una situación crítica. Era necesario formular creencias y explicaciones que predicaran una armonía futura en términos menos tangibles, ya que todos los caminos hacia expectativas concretas parecían cerrados. Fue dentro de este contexto donde los Tobas se sintieron atraídos por la prédica pentecostal. Las misiones protestantes de El Espinillo y Nam Cum habían aportado nuevas ideas, pero no habían llegado a proporcionar un tema central alrededor del cual pudieran ser organizadas y diseminadas las nuevas creencias. El énfasis pentecostal en la curación y en la posesión por el Espíritu Santo, y su escatología apocalíptica, proporcionaron precisamente los ingredientes que faltaban. La curación y la posesión por espíritus tomaban sentido a la luz de la ideología tradicional, y podrían reemplazar convenientemente al chamanismo, que estaba al borde del descrédito total. Además, las nuevas creencias pusieron al fracaso del chamanismo tradicional bajo una nueva luz: los chamanes no sólo habían engañado a las masas, sino que además habían carecido de contacto con la "verdadera" fuente de poder, el Espíritu Santo. La esperanza futura estaba basada en la visión escatológica que ponía a los Tobas "reinando con todos los santos en la gloria". Los estados disociacionales de éxtasis —que comprendían el hablar en lenguas, el danzar, el caer y el entrar en trance— asociados con el nuevo movimiento (y que serán discutidos más abajo) eran todos reinterpretaciones de pautas chamánicas tradicionales. Representaban el nuevo chamanismo. La superioridad de las nuevas creencias, por añadidura, quedaba también demostrada por el hecho de que ahora todos los creyentes tenían acceso al poder sobrenatural, si bien "dones" diferenciales dotaban a algunos adherentes de más poder que a otros. Esta síntesis creadora de creencias tradicionales imbuidas de elementos de pentecostalismo infundió una nueva esperanza y determinó un curso de acción enteramente nuevo.

EL ACORDE PENTECOSTAL

A pesar de la proliferación de denominaciones, el pentecostalismo puede ser distinguido de otros movimientos religiosos norteamericanos del siglo XX sobre la base de un determinado sistema de creencias y de la insistencia en un tipo específico de experiencia religiosa. Los apologistas del pentecostalismo invariablemente intentan remontar sus raíces a la edad apostólica, específicamente a ciertos incidentes relatados en el Libro de los Hechos del Nuevo Testamento, y descritos como "la efusión" o como "el bautismo del Espíritu Santo". No obstante, los grupos pentecostales contemporáneos generalmente ubican el comienzo de su existencia particular en los albores del presente siglo. Así, Conn (1956:73) apunta a 1896, cuando "un grupo de creyentes en la santidad, del condado de Cherokee, Carolina del Norte, fueron bautizados en el Espíritu Santo y hablaron en lenguas". De acuerdo con Dalton (1945:31), "la primera manifestación del moderno movimiento de *glosolalia* tuvo lugar en 1900 en el estado de Kansas". Kelsey (1964:61) identifica al Colegio Bíblico de Topeka, también en Kansas, como el lugar de origen del movimiento de "lenguas". Si bien cada denominación pentecostal remonta su historia particular a algún evento determinado, casi todos los cuerpos establecidos desde más antiguo se originaron en los primeros años del siglo. Hubo un segundo florecimiento del pentecostalismo alrededor de la segunda guerra mundial. Los últimos movimientos reflejan generalmente menor sofisticación organizativa y mayor insistencia en el compromiso emocional original.[33]

El carácter regional y de clase del pentecostalismo ha sido ampliamente documentado (Bloch-Hoell, 1964:6-10; Elinson, 1965:406; Johnson, 1961:311; Holt, 1940:741*s*; Pope, 1942:136; Drake y Cayton, 1962:63*s*). Las creencias y experiencias religiosas peculiares que caracterizan al pentecostalismo entrañan la insistencia en los "dones" asociados al Día de Pentecostés. Estos dones incluyen glosolalia, visiones, trances, danzas, profecías y otras formas de estados disociacionales (Paulk, 1958:20; Clark, 1949:85). En palabras de Kelsey (1964:69), no obstante, "el movimiento pentecostal es más que una experiencia de lenguas: es una teoría acerca de las lenguas, una teología de las lenguas. De hecho, el pentecostalismo no comenzó como movimiento sino cuando la gente comenzó a pensar acerca de la experiencia de lenguas, y a ver en ésta la piedra clave de una vida religiosa". Más adelante (*ibid.*:79) dice que "lo fundamental del pentecostalismo, no obstante, es la creencia de que 'el *completo* bautismo del Nuevo Testamento en el Espíritu se

[33] Las descripciones y las cifras de miembros de las distintas denominaciones pueden consultarse en Clark (1949:85-132), Rosten (1963:227-321), Bloch-Hoell (1964) y Mead (1965: 167-170).

hace manifiesto por la *glosolalia,* y de que es el deseo de Dios el derramar su Espíritu de esta manera sobre toda carne' ". Esta "teología de las lenguas" —con su insistencia en el "don de lenguas" acompañando cualquier auténtica experiencia de conversión— es lo que define el pentecostalismo, junto con el gran énfasis puesto en la curación, y con una perspectiva teológica fundamentalista.

De acuerdo con ésta, la Biblia es interpretada en forma literal, y consecuentemente se apela a ella como autoridad última. Una serie de citas de las Escrituras acompaña siempre a los sermones y a las publicaciones doctrinales. La creencia literal en diablos y en la "posesión demoniaca" se entrelaza con la noción de curación, y las ceremonias de curación pueden comprender la "expulsión" de los demonios. También se recalca una escatología apocalíptica, que anuncia la venida de un milenio para todos los "verdaderos creyentes". Esta creencia está asociada asimismo con las técnicas de reclutamiento y de extensión de la iglesia.

La piedra angular de la experiencia pentecostal es la comunicación directa y personal con lo sobrenatural: "Jesús *me* habló; Jesús *me* tocó." El pentecostalismo comparte este elemento irracional de experiencia religiosa con el misticismo cristiano, si bien alcanza esta comunicación directa a través de la danza y de la sugestión masiva, en lugar de apelar —como el segundo— a la introversión y a la contemplación (Bloch-Hoell, 1964:174). Fue este aspecto particular el que atrajo a los Tobas.

Como otras sectas religiosas norteamericanas, los pentecostales predican una moralidad ascética. La bebida, el tabaco, el juego, los narcóticos, el sexo extramarital, el cine, son motivos de duros sermones, y los testimonios de conversión suelen subrayar el abandono de uno o más de estos "pecados mortales". El estudio de Wood (1965), en el que se aplicó el test de Rorschach a adherentes pentecostales, sugiere cierta inestabilidad en los sistemas de actitudes valorativas, lo que puede ayudar a explicar los rígidos enfoques de los problemas éticos y morales como una sobrecompensación. Generalmente se buscan soluciones estrictamente religiosas a los problemas sociales, en vez de soluciones políticas. El llamado se dirige a pecadores individuales y no a la reforma social. Esto último es también importante para lograr comprender el impacto que tuvo el pentecostalismo entre los Tobas.

La rápida expansión del pentecostalismo en América Latina durante las últimas décadas —particularmente en Brasil y en Chile— ha sido bien documentada (*Christianity Today,* 1963; Reed, 1965; Sundkler, 1965). Perkins y Garlock (1963:22) estiman que actualmente 90% de todos los protestantes de Latinoamérica son pentecostales. Ya en 1943 Davis informaba que el pentecostalismo poseía en el Río de la Plata "más de cien iglesias y congregaciones con más de 15 000 miembros... sus congregaciones se están multiplicando con gran rapidez y son financiadas enteramente con recursos del Río de la Plata" (1943:101-102). El grupo pentecostal más grande de la Argentina, la Iglesia de Dios Pentecostal, con su centro principal en Cleveland, Tennessee, prosperó bajo el liderazgo de Mario Mazzucco, un italoargentino. Fue esta organización la que costeó y promovió la propagación del pentecostalismo entre los Tobas desde 1946 hasta 1956, en cooperación con el jefe Martínez. La propagación del pentecostalismo en el Chaco argentino fue además estimulada por una gran inmigración de pueblos eslavos que importaron su propia rama pentecostal. El grupo de Mazzucco consiguió incorporar a muchos de estos elementos independientes. Debe puntualizarse que la presencia e influencia de iglesias no católicas en la provincia del Chaco distinguieron a ésta de su vecina oriental, la conservadora y tradicionalmente católica provincia de Corrientes.

La primera indicación publicada de que un movimiento de masas estaba teniendo lugar entre los Tobas argentinos fue el informe del misionero John Lagar (1946) acerca de bautismos en gran escala. Si bien su

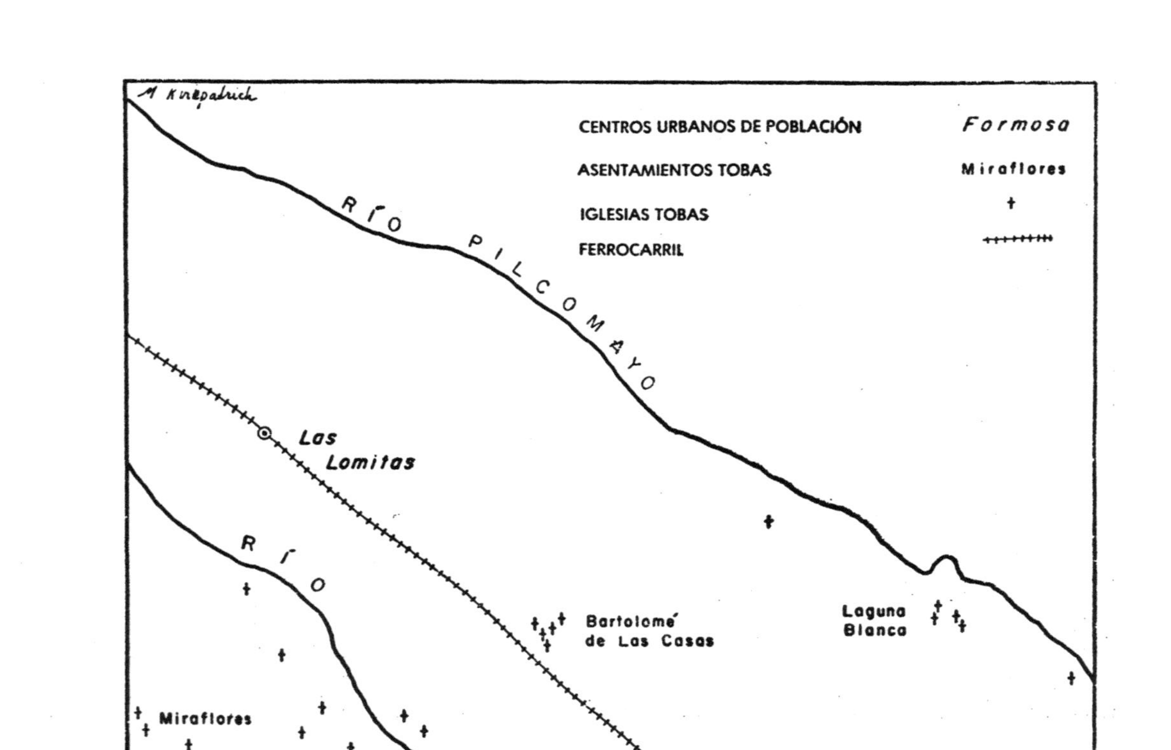
M Kirkpatrick
CENTROS URBANOS DE POBLACIÓN
Formosa
ASENTAMIENTOS TOBAS
Miraflores
IGLESIAS TOBAS
FERROCARRIL
RÍO PILCOMAYO
Las Lomitas
RÍO
Bartolomé de Las Casas
Laguna Blanca
Miraflores

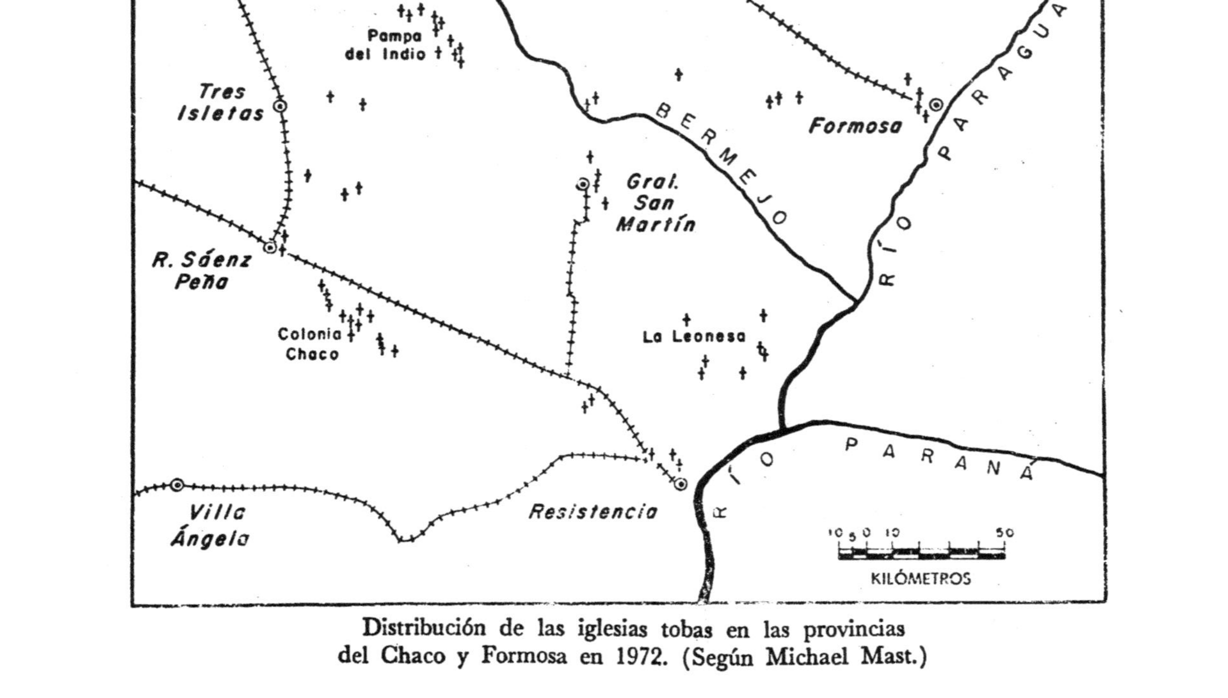

Distribución de las iglesias tobas en las provincias del Chaco y Formosa en 1972. (Según Michael Mast.)

relación acerca de 3 600 bautismos y una adhesión de 10 000 personas entre los Tobas fuese probablemente exagerada, indica no obstante la extensión de la influencia de Lagar. En quince años escasos, cada una de las principales comunidades tobas llegó a poseer su propio edificio —o edificios— eclesiástico, con servicios religiosos regulares denominados *cultos.*

A pesar de la proliferación de denominaciones, los cultos tobas siguen en todas partes el mismo patrón básico. El orden de la ceremonia es idéntico, si bien la longitud de los elementos específicos varía. Un culto típico presenta cinco componentes rituales básicos: canto, plegaria, predicación, danza y curación. El bautismo y la Santa Cena son dos elementos adicionales que se suman en ocasiones al culto. Los bautismos representan ceremonias especiales, a las que llegan visitas de asentamientos vecinos y donde participa generalmente toda la comunidad. Se efectúan una o más veces al año, dependiendo del número de solicitantes. Los iniciados son inmersos una vez en agua, mientras que el gentío se ubica cantando al borde. La Santa Cena es practicada por término medio una vez por mes en la mayoría de las congregaciones, con más frecuencia en algunas y con menos en otras. Hombres, mujeres y niños reciben todos del pan partido y beben de la copa común de vino, ya que se cree que tienen poderes curativos.

De los cinco componentes mencionados, el canto, la plegaria al unísono y la disertación tienen lugar en todo culto, mientras que la danza y la curación no siempre están presentes. Además, la danza ocupa un lugar singular, ya que las actitudes hacia ella difieren según las congregaciones. Su presencia y carácter dependen de circunstancias locales. Algunas comunidades tienen fama de danzar mucho, mientras que otras danzan raramente. La duración media del culto es de unas tres a cuatro horas, si bien hay encuentros de seis y hasta de siete horas. Los más largos son los preferidos y los considerados más emocionantes. El servicio comprende un período inicial de canto alternado con plegaria colectiva al unísono, un período de disertación alternada con canto, y una ceremonia final de curación. La danza puede tener lugar en cualquier momento durante el servicio, y frecuentemente se inicia en un punto altamente emocional en la disertación o en el canto.

El primer componente, el canto, está bajo la dirección de los *cancionistas,* quienes se ubican juntos delante del edificio, sobre una plataforma elevada. Usualmente son jóvenes que acostumbran viajar mucho por la zona para aprender nuevos himnos y coros, por lo general en servicios criollos de pueblos vecinos.[34] Un culto típico tiene desde unos pocos hasta más de una docena de *cancionistas,* dependiendo ello del tamaño de la congregación o de la ocasión. Se canta siempre la totalidad de las estrofas de cada himno, sin tener en cuenta la ocasión ni lo largo del himno (y eso que —por ejemplo— un canto que era muy popular hace unos años constaba de doce estrofas). Se utilizan cancioneros en castellano, con palabras pero sin música, si bien no es raro ver a los participantes cantando con el libro cabeza abajo o abierto en una página equivocada, ya que las palabras son cantadas en gran parte de memoria. La música está adaptada a una escala pentatónica, y el ritmo y el compás son cambiados para enfatizar la armonía. El cantar alto es considerado un virtuosismo, y a veces se dice que esto echa al diablo del local. Recientemente han sido introducidas *cancionistas* de sexo femenino en Colonia Chaco, pero esta práctica no ha sido aún ampliamente adoptada. La congregación entera participa en el canto. Si las palabras no son familiares o se olvidan, los participantes siguen cantando sin articular palabras. Hasta hace pocos años se cantaba casi exclusivamente *a capella,* pero ahora se ha generalizado el uso de guitarras, tambores y panderetas.

El papel importantísimo del canto en el culto contem-

[34] Esto sirve como medio primario de inducir a la juventud proporcionándole una participación activa dentro del movimiento. Puede también servir como entrenamiento de líderes para formar una segunda generación de *dirigentes.*

poráneo difícilmente puede ser subestimado. Su función es paralela a la del canto tradicional del chamán, que éste había adquirido de su espíritu compañero. De manera muy similar, los *cancionistas* se muestran ávidos de poder disponer de sus propios cantos, la mayoría de los cuales son aprendidos en las congregaciones criollas de los pueblos y ciudades del Chaco. Unos pocos *cancionistas* incluso han compuesto sus propios cantos, lo que les ha significado prestigio adicional. El número total de cantos en un culto depende del tipo y talante de la reunión. Comprende, de cualquier manera, desde diez hasta más de treinta. El período inicial de canto incluye la mayoría de las canciones, y puede durar desde treinta minutos hasta más de una hora. Los cantos proporcionan una especie de orden litúrgico del servicio, en el sentido de que vinculan los componentes básicos de plegaria y predicación. Cada disertación es realzada por canto. La canción final de curación señala el fin del discurso y una invitación para pasar a esta última fase.

La plegaria comprende una petición audible al unísono, efectuada por todos los participantes del culto, en medio de fuertes gritos y frecuentes vocalizaciones incomprensibles ("hablar en lenguas"), que crecen en altura e intensidad hasta alcanzar un punto culminante, luego del cual bajan abruptamente y la plegaria finaliza. La plegaria frecuentemente desencadena emociones que inspiran danza. Cuando esto ocurre desde los comienzos del servicio, la tercera fase —el discurso— se ve gravemente estorbada por el ruido que crea la danza. La plegaria es casi exclusivamente una súplica, una petición de ayuda sobrenatural para ahuyentar las fuerzas diabólicas o para recibir el *gozo,* esto es, la danza del Espíritu Santo. Las sonoras peticiones se hacen con mucho movimiento del cuerpo, gritos de éxtasis, palmadas y balbuceo de sílabas sin sentido. Usualmente uno o más individuos —hombres o mujeres— dirigen la duración y la intensidad de la plegaria rezando más fuerte que los otros. El culto está delimitado por una plegaria inicial —la cual frecuentemente da el tono de la reunión— y una plegaria final, la cual es fundamentalmente para curación y protección. El número de plegarias intermedias varía según el carácter del culto.

La predicación o discurso está a cargo del *dirigente* local. Las visitas generalmente son invitadas a hablar primero, y traen saludos y refieren novedades de interés de sus lugares de procedencia. Las disertaciones pueden durar una hora o más, particularmente si el huésped es un orador destacado y un líder bien conocido. Los buenos oradores de la congregación local también son invitados a hacer uso de la palabra, y el discurso final es generalmente ofrecido por el líder local. Cada alocución es precedida y seguida de una canción. Reyburn observa que la prédica consiste principalmente en "una serie de prohibiciones dirigidas hacia los conflictos de la aculturación... Estas prohibiciones incluyen el robo, la mentira, la bebida, y la indiferencia en tomar seriamente la agricultura" (Reyburn, 1954:48). Generalmente, no obstante, los Tobas prefieren insistir en temas más positivos, como el amor, el perdón, la responsabilidad y cosas así. Cuando oradores no tobas usan la plataforma para criticar sus prácticas, tales como la danza, el sexo o las costumbres matrimoniales, el resentimiento es ostensible.

En estas alocuciones se apela sin cesar a la Biblia como fuente final de autoridad, y los textos de las Escrituras son memorizados y citados con soltura. El supuesto de la autoridad última de la Biblia nunca es cuestionado por los Tobas: siquiera pensarlo parecería amenazar la precaria estructura de autoridad recientemente construida. Así, las cuestiones hermenéuticas son ignoradas, y no se hace ninguna distinción entre la autoridad bíblica y la interpretación personal de un texto bíblico. No ha surgido, por lo tanto, ningún cuerpo de dogma, a menos que la insistencia en la curación pueda ser considerada un dogma, ya que es lo único que presta autoridad a la experiencia religiosa. Reyburn pone de relieve este papel de documento oficial atribuido a la Biblia:

Es por esta preocupación de justificación de la vida en el sentido de un documento legal adquirido, por lo que los Tobas echaron mano de la Biblia. Se la vio rápidamente remplazar encantamientos, artefactos de curación, y otros elementos muy varios... Fue además muy importante —en términos de los valores de liderazgo y autoridad de los Tobas— que la Biblia fuese una autoridad altamente impersonal. No era otro ser humano que quisiera constreñir u obligar. Así, los Tobas ven en las Escrituras la gran panacea para sus calamidades sociales. (1954:47.)

La danza juega un papel integrado y una función muy importante en muchos cultos. Si bien hay varios tipos y diferentes ocasiones de danza, siempre comienza por contorsiones y sacudidas individuales de intensidad creciente, hasta que el individuo se alza sobre los pies y comienza a saltar en forma rítmica. Más adelante, varios individuos se agarran de las manos o los brazos y danzan juntos, inhalando y exhalando aire rítmicamente y al unísono, en forma audible, todo lo cual es acompañado por pataleo, gritos extáticos y a veces chillidos. El grupo puede llegar a ser grande, y en ocasiones la mitad de la congregación está danzando, ya sea en un gran círculo o en varios círculos pequeños. Los danzantes por lo general son adultos, tanto varones como mujeres, si bien los adolescentes, particularmente las jovencitas, ocasionalmente también danzan. Como las construcciones eclesiásticas de los Tobas son usualmente de barro, con pisos de tierra, el pataleo alza una considerable polvareda, hasta el punto de hacer difícil la respiración (si bien el único que parece sentirlo es el visitante no toba). Por lo general la danza continúa —a veces por varias horas— hasta que uno o más individuos cae al suelo en trance.

El individuo caído permanece completamente inmóvil, tieso, en un trance silencioso, mientras el resto danza alrededor de él (o de ella), tocando ocasionalmente su pecho y apelando en alta voz a la intervención sobrenatural para que vuelva a la vida. Comúnmente se cree que un estado de inconsciencia es la muerte, y que el retorno a la conciencia es un retorno de entre los muertos. Se manifiesta ansiedad cuando un individuo permanece inconsciente demasiado tiempo (por ejemplo, varias horas), ya que es considerado peligroso que el alma se separe del cuerpo por largos períodos. Además, la mayoría está ansiosa por escuchar acerca de la experiencia del gozo (véase Loewen *et al.,* 1965:267). La vuelta a la vida va usualmente acompañada por una contracción del cuerpo cada vez más intensa, hasta que el resto de los danzantes ayuda al individuo a ponerse de pie. Puede continuar danzando, sentarse o pedir al *dirigente* oportunidad para hacer uso de la palabra. Si habla, los demás demuestran un gran interés por lo que diga, y la audiencia usualmente permanece silenciosa. Durante el estado inconsciente, el trance puede involucrar una visión concerniente a hechos puramente personales —en los cuales el individuo es inspirado para lograr una mayor dedicación en su experiencia religiosa— o bien alguna exhortación para el grupo. Un joven marido (II:2) dijo que su visión comprendió un mandato para aprender a cultivar la tierra y apreciar sus productos, en lugar de seguir dependiendo exclusivamente de pescado y carne salvaje para la subsistencia. Los sueños y visiones frecuentemente reflejan temas míticos tradicionales fusionados con temas bíblicos, de la misma manera en que la danza representa un sincretismo del pentecostalismo (tal como es presentado en la película *The Holy Ghost People,* de Peter Adair) y de la danza tradicional.

Los cultos finalizan con una ceremonia de curación, que comprende cantos, imposición de manos y plegarias. El canto del himno "El gran médico"† señala el fin de la predicación y el comienzo de la ceremonia de curación. En este momento los enfermos se desplazan o son llevados hacia los *dirigentes* e invitados prominentes, que se juntan para "imponer las manos" sobre la cabeza, los hombros, o alguna parte específicamente enferma del cuerpo. Todos rezan en voz extremadamente alta, profiriendo órdenes tales como "sal, demonio" o "sana, espíritu". Los rezos y gritos son acompañados por patadas en el piso, palmadas y muchas contorsiones del cuerpo. Cuando los rezos han terminado, se pregunta a la persona enferma si se siente curada. Si no responde afirmativamente, se repite todo el procedimiento. Ceremonias de curación similares pueden llevarse a cabo en la casa de un individuo que esté demasiado enfermo como para ser llevado al culto. Cuando no hay enfermos presentes, la ceremonia se reduce a una plegaria final en la cual todos rezan por su buena salud y protección personal, o por la del grupo en general.

Al acabar la ceremonia de curación, puede entonarse un canto final de bendición para dar por acabado el culto. Luego los participantes salen del edificio en fila india, deteniéndose a estrechar las manos de las visitas, invitados, el *dirigente,* o cualquiera al que se sientan inclinados a saludar. Este orden del servicio es seguido en todas partes, y contribuye a dar un sentido de unidad al movimiento a pesar de las diferentes afiliaciones denominacionales.

Las creencias características del culto comprenden la adopción de nociones pentecostales acerca de dones del espíritu (tales como la curación y la glosolalia), injertadas en el chamanismo tradicional. Jesús y el Espíritu Santo son las figuras de poder centrales, mientras que a Dios se le asigna un papel un poco más secundario. No ha sido aún formulado ningún cuerpo rígido de dogma, y los nuevos iniciados no necesitan suscribir ninguna confesión de fe. Además, cualquiera tiene derecho a ser oído en el culto público, sin tener en cuenta su secta o su asunto.

Además de las necesidades personales y psicológicas que el culto cubre, éste tiene también la función social de proporcionar ocasión para la interacción comunal en el asentamiento local. El edificio de la iglesia está usualmente ubicado en el lote del líder local más prominente, sea un chamán o un *dirigente.* Las reuniones principales de la congregación tienen lugar el domingo por la mañana. Además, puede haber otros servicios los miércoles, sábados o domingos por la tarde, y también en ocasión de fiestas especiales.

En el nivel local, el reclutamiento para el culto originalmente se hizo —y sigue haciéndose— según las líneas de parentesco. Como era de esperar, las familias de los fundadores originales fueron las primeras en unirse al movimiento. A medida que otros individuos influyentes de la comunidad se iban uniendo, su familia extensa los seguía. El interés por el movimiento crece rápidamente luego que alguna persona ha sido curada espectacularmente. El compromiso con el culto está simbolizado por el bautismo. Durante los años formativos del movimiento, los bautismos fueron efectuados por misioneros o por pastores argentinos, pero hoy en día son llevados a cabo por los mismos Tobas.

Originalmente las mujeres fueron más bien reacias a unirse al movimiento, pero hoy en día el número de mujeres bautizadas es aproximadamente igual al de hombres. Las mujeres asisten a los cultos y participan en el canto y en la danza. Ocasionalmente también hablan, pero por lo general callan mientras hablan los hombres. A las ceremonias religiosas van las familias enteras, y los niños entran y salen a su antojo de la iglesia.

Se da poca importancia a los datos personales de los miembros, y así no se suelen llevar registros ni de los bautismos ni de la asistencia. Los participantes pueden cambiar su pertenencia de una congregación a otra en aquellos asentamientos en donde existe más de una. Es muy común, además, que se abandone el culto y se reingrese a él con mucha facilidad. Esto está ligado tanto a factores económicos como a creencias. El trabajo en los campos de algodón y de caña de azúcar fomenta asentamientos de tipo temporal, lo que a su vez milita en contra del desarrollo de organizaciones locales permanentes. Además, como se cree que la enfermedad y la muerte son causadas por brujería, el culto —y en particular su líder— es frecuentemente inculpado de no proporcionar suficiente "poder" como para evitar estas infortunadas experiencias. Si un *dirigente* enferma gravemente, sus seguidores abandonan por un tiempo el culto. Luego de una muerte, los familiares más cercanos del difunto pueden incluso abandonar el asentamiento y viajar a cualquier parte para perder su *tristeza*. Una curación milagrosa o algún acto positivo de este tipo, por otra parte, atrae nueva clientela e incrementa rápidamente el impulso del culto local.

Como se ha insinuado, las congregaciones tienden a desgajarse fácilmente, y así surgen nuevos cultos que compiten con los ya establecidos. La proliferación de asociaciones religiosas se hace evidente en los relatos biográficos, así como en las frecuentes disputas entre cultos que llevan a cambios de población en los asentamientos locales. Estas disputas generalmente son debidas a rivalidades del liderazgo por su clientela más que a diferencias doctrinales. Grupos misioneros sectarios sacan provecho de esta confusión para incorporar congregaciones enteras a sus registros. En agosto de 1966 (téngase en cuenta que las agrupaciones de cultos cambian de mes en mes y de año en año), los veinte asentamientos permanentes con cultos de los Tobas en la provincia del Chaco comprendían sesenta congregaciones, afiliadas de la siguiente manera:* 28 de la Iglesia Evangélica Unida (una organización toba independiente formada con la asistencia de misioneros menonitas), 11 de la Iglesia de Dios Pentecostal, 7 de Rayos de Luz, 4 bautistas, 2 de Gracia y Gloria, 2 del Cuádruple Evangelio, 1 de la Asamblea de Dios, y 5 congregaciones independientes no afiliadas a ningún grupo organizado.[35]

En todas estas congregaciones la organización eclesiás-

* Salvo en el caso de la Iglesia Evangélica Unida, el nombre de las congregaciones aparece en inglés en el original, y se ha traducido libremente. [T.]

[35] La afiliación indica que la congregación local posee un fichero obtenido a través de la denominación, pero no implica necesariamente una estrecha conexión orgánica. La jerarquía de la denominación por lo general mantiene poco contacto con las congregaciones locales tobas. Para una descripción más detallada de la formación del culto en asentamientos específicos, véase Miller (1971).

tica se mantiene a un nivel mínimo. La congregación local comprende un *dirigente,* a veces un asistente llamado *segundo dirigente,* un *cancionista* principal con uno o más asistentes, un *tesorero* y uno o más *porteros,* los que prestan servicios como acomodadores y conserjes. El cargo de tesorero es frecuentemente fuente de controversia, ya que hay muchas demandas acerca de los pequeños fondos colectados al finalizar el culto, y sus registros son muchas veces puestos en tela de juicio. Sólo la Iglesia Evangélica Unida ha podido organizarse por encima del nivel local. Esta organización comprende cuatro "zonas", con representantes de cada una elegidos para una convención religiosa anual. La posición de representante es en gran medida honorífica, y si bien algunas congregaciones esperan su asistencia para solucionar disputas locales de cultos, esta asistencia rara vez es prestada.

Por lo que se ha visto, el pentecostalismo, con su insistencia en la comunicación directa con el poder sobrenatural, proporcionó el acorde que permitió a los Tobas reducir el nivel de tensión y restablecer considerablemente la armonía que había sido destruida por la conquista, la colonización y la acción misionera. Es significativo notar, a este respecto, que los Tobas respondieron al llamado de una religión minoritaria. La religión mayoritaria, la Iglesia católica, estaba demasiado íntimamente identificada con la represión oficial y con el confinamiento como para tener algo que ofrecerles. Además, es ajena a ella la experiencia extática directa que pudiera tener sentido ante los Tobas, acostumbrados a este tipo de contacto con la naturaleza y con los seres espirituales.

5. LIDERAZGO CARISMÁTICO

El papel esencial del liderazgo en el desarrollo afortunado de un movimiento social ha sido ampliamente documentado. La situación puede estar madura para un movimiento, en términos de factores estructuralmente conducentes, tensión, hechos desencadenantes, formulación de creencias, y sin embargo hasta que no surja el tipo correcto de liderazgo no puede esperarse que ningún movimiento haga un progreso significativo. Se sabe que se requieren tipos determinados de líderes para distintos movimientos, tanto como para diferentes estadios en el desarrollo de un mismo movimiento. A este respecto, nos es muy útil la distinción de Troeltsch (1960) entre profeta y sacerdote. El primero asiste en la cristalización de creencias y en la movilización de los participantes para la acción, mientras que el último asiste en la perpetuación de la forma institucionalizada de estas creencias y actividades. El tipo carismático de líder de Weber ha sido identificado por Smelser (1962:355*s*) con los movimientos orientados hacia los valores. Fue precisamente este tipo de liderazgo el que caracterizó a los años de formación del movimiento toba.

Carisma es un término de la *koiné,* presente en el Nuevo Testamento, que significa estar dotado de gracia divina, un don de origen divino, el cual es conferido a un portador al que inviste de autoridad sobrenatural (véase, en algún diccionario griego, χάρισμα). Weber dio a este término un significado específico en la definición siguiente:

El término "carisma" será aplicado a cierta cualidad de la personalidad de un individuo en virtud de la cual es colocado aparte de los hombres comunes y tratado como dotado de poderes o cualidades sobrenaturales, sobrehumanos, o al menos específicamente excepcionales, y de un carácter tal que no resultan accesibles a la persona común, sino que son considerados como de origen divino o como ejemplares, y de acuerdo con ellos el individuo en cuestión es tratado como líder. (Weber, 1947:358-359.)

No es sorprendente que el liderazgo carismático esté asociado con movimientos orientados hacia los valores, ya que éstos implican la reestructuración de todos los componentes de la acción social. No se puede confiar en los líderes tradicionales para llevar esto a cabo, ya que tienen muchos intereses creados en la vieja estructura. Pero si el nuevo líder tiene éxito, debe no obstante encontrar alguna forma de consolidar sus logros y de establecer su posición. Así, el profeta se transforma en un sacerdote obligado a confiar más en su oficio que en sus visiones. Weber describió esta fase como la "rutinización del carisma". La idiosincrasia de los líderes individuales no debe ser minimizada a este respecto, ya que interviene para dar forma a movimientos particulares.

Las vías por las cuales se establecieron los cultos en asentamientos locales fueron al menos cuatro. Primero, algunos fueron iniciados por nuevos entusiastas que habían estado en Resistencia o en alguna otra ciudad del Chaco, experimentando allí la curación por la fe y el bautismo con algún misionero extranjero, y que habían vuelto luego a sus hogares para evangelizar bajo la autoridad de aquel misionero. Segundo, la mayoría de las congregaciones fue en un principio organizada por el jefe Pedro Martínez. Tercero, algunas pocas fueron promovidas por chamanes locales que determinaron la elección de una afiliación denominacional particular. Cuarto (si bien ninguna congregación local está hoy en día conducida de esta manera), unas pocas fueron formadas por misioneros extranjeros que dirigieron ellos mismos las ceremonias, como en El Espinillo y Nam Cum.

LOS PRIMEROS LÍDERES

El siguiente relato verbal de un líder del culto, muy conocido y con mucho mundo, nos documentará acerca de la naturaleza de la primera forma de liderazgo que caracterizó el primer tipo de formación del culto:

Cuando viví en Siete Árboles me agarró una enfermedad incurable; cuando me agarra me hincha toda la cabeza y mi cara queda paralizada que no puedo comer. Una vez no comí por ocho días. Me llevaron a muchos curanderos; *huo'oi nnataqa,* es decir, los que hablan con espíritus pitónicos. La familia de mi mamá son de esos. Pero no hubo caso, no me pudieron curar. No me dieron remedio, solamente canto, y a veces saltos, *dasot;* entre varios bailaron y cantaron alrededor de mí. Algo me aliviaba siempre.

Cuando me pasaron los ataques y anduve liviano fui con otros jóvenes a La Pampa. Ahí encontré por primera vez la noticia del evangelio por medio del hermano Juan Fernández que vino de Espinillo. Cuando sabía bien la palabra de Dios, la llevó a La Pampa. Él hizo culto en una casa, pero yo no puse atención, no le di importancia.

Cuando volvimos, la voz de Juan Fernández se quedó conmigo; siempre oía a él hablando de la palabra de Dios. Y ahí en Siete Árboles, después de llegar, recibimos más noticia más fuerte del evangelio. Llegó la noticia que bajó un Dios en Resistencia y que mucha gente se sanaba. Entonces fuimos a pie, pero tuve que escapar de mi padre porque él no quería que vaya, claro que él mismo era curandero.* Fuimos entre unos cuantos. Salimos una mañana temprano cuando mis padres todavía dormían. Nos tardó una semana y media en llegar, porque estuve enfermo y me tuvieron que asistir en la marcha, siempre de pie.

La primera noche en que llegamos a Resistencia fuimos todos al templo donde estaba Dios, pero vimos a un hombre, Juan Lagar. Cuando él pidió oración, me levanté y los pastores oraron sobre mí. Yo les dije: "Bueno, por esa causa me

* Nótese que el informante llama *curandero* al chamán. En la Argentina, bajo esta denominación, se incluyen diversas prácticas curativas populares, y no sólo las de carácter chamánico. [T.]

vengo, para aceptar el nombre de Jesucristo", y esa noche misma me sané, y fui salvado. Salí del templo sanado, y solamente que he seguido el evangelio hasta hoy. Era el año 1940.[36]

Nos quedamos tres días en Resistencia. El hermano Juan Lagar predicó sobre el bautismo, y fui bautizado el tercer día. Mucha gente se bautizaron: vinieron de Moquit, de Tacshic, de Pijlaxa, de Dapiguiml'ec, de L'añaxashic, de Shiinpi y otros.[37] Tiene que haber sido más o menos mil personas que fueron bautizados.

Antes de salir de ahí, Juan Lagar dijo que yo tenía que volver con el mensaje a mi familia; tenía que hacer capilla y enseñar los coros que aprendí y anunciar el mensaje. El primer coro era "Cristo mi salvador me guardará", y "Oh, tierno salvador Jesús", también.

Cuando llegué, como en aquel entonces la gente vivía cerca en toldos, y todas las tolderías de pasto quedaban cerca, empezamos con los dos cantos que aprendí. Llevamos Biblias y cánticos, y como supe algo de leer, leí un capítulo de la Biblia y después oramos. Ahí entró el Evangelio en las tolderías. El primer implemento era dos cánticos, corta oración, y un capítulo de la Biblia sin explicación. Solía leer del buen sembrador, porque yo era el buen sembrador de la palabra. En Siete Árboles no había otra iglesia, solamente había la otra en Pampa Grande de Juan Fernández. (Informante I:5.)

Otro líder describió su contacto inicial con el movimiento del culto y el establecimiento de su propia congregación en Colonia Aborigen Chaco como sigue:

Yo primero aprendí a conocer el evangelio por José Shank [un misionero menonita de Nam Cum]. La primera de mi familia que entró al evangelio fue mi sobrina, que había estado muy enferma. Ella fue llevada a Misión Aguará [Nam Cum] para que se curara. Yo pregunté qué medicinas habían usa-

[36] Los Tobas no están acostumbrados a llevar una cuenta precisa de las fechas. La referencia a 1940 es probablemente prematura.

[37] Estos nombres representan subgrupos tobas (específicamente bandas bilaterales endógamas) hoy día en proceso de desintegración. La única excepción son los Mocovíes, que constituyen un grupo separado, si bien íntimamente relacionado con los Tobas.

do, pero ellos solamente le habían rezado.[38] Como yo no tenía medios de transporte, llegué allí de noche. Mi sobrina ya había sido llevada a caballo. Estuvimos allí tres días. Yo me sorprendí de que la gente estuviera quieta y no gritara de noche, y no entendía lo que el misionero Shank estaba diciendo...

Un tiempo después, en 1950, fui invitado a una fiesta en lo de Silvio Fernández. Asamos un chivo, tomamos vino, etc. Yo me tomé un litro de vino. En el camino a casa me caí del carro. Dijeron que estaba borracho, pero en realidad no había tomado mucho. Alguien vino, me encontró y me llevó a mi casa. Mi esposa estaba sorprendida porque cuando yo me emborracho siempre converso mucho y hago mucho lío. Ella se asustó porque esta vez era diferente. Yo estaba muerto [inconsciente]. Yo estaba mirando en mi sueño, y veía a Hilario, Mariano, Alberto y Juan, todos mirándome desde el cielo. Cuando me desperté no me parecía estar en mi casa. Tuve la visión de dos seres con alas clavados en el piso. Ellos vinieron a verme y me dijeron que tomara un litro de agua. Me dijeron que estaba quebrado, pero salvado. "Toma un litro de agua", repetían. Yo me desperté y pedí un litro de agua. Me lo tomé e inmediatamente vomité todo. Después me volví a morir. Pude ver mi casa en el aire. Cuando me desperté de nuevo, tomé más agua, pero no pedí nada de comer. Mi mujer protestaba porque me había emborrachado y había estado en el camino todo el día. Yo no dije nada. Quería comer sandía, pero no había ninguna. Estuve triste todo el día.

A mediodía llegó un *jeep*. Yo me asusté y pegué un salto. De él salieron Alberto, Mariano, Hilario y Antonio.[39] Ellos me

[38] Esto representa una reinterpretación interesante, ya que la Misión Nam Cum tenía una clínica atendida por enfermeras diplomadas. La idea de una curación por plegarias sin acompañamiento de cuidados médicos habría sido inconcebible para los misioneros menonitas.

[39] Los Tobas frecuentemente tienen visiones de visitas poco antes de la llegada de éstas. Yo muchas veces quedaba sorprendido, al llegar a una comunidad, al enterarme de que se me esperaba, habiendo yo mismo dudado hasta último momento acerca de hacer el viaje. En este caso, la visión del informante fue precisa, con la excepción de que fue Antonio quien llegó, en lugar de Juan. Alberto y Juan eran misioneros menonitas, mientras que los otros eran líderes religiosos de la Misión Nam Cum.

trajeron sandía, salamines y otras cosas, pero yo quise sólo la sandía. La comí y me sané en seguida. Aquella noche hicimos un culto en mi casa. Luego tuve un pensamiento: "Voy a entrar en el Señor. Voy a hacer una capilla aquí. No voy a trabajar en trabajos comunes; sólo voy a trabajar para el Señor." Ninguno me dijo que empezara la iglesia. Sólo mi pensamiento me impulsó a hacerlo.[40]

Más adelante hubo un bautismo en la iglesia de Leguisa. Juan estaba allí. Hasta el bautismo yo me había echado atrás, pero allí me animaron de nuevo. Siempre teníamos servicios en nuestra casa, dejando todo de lado hasta después del culto...

Más adelante hice el camino hasta Legua Diecisiete. Allí me pidieron que hablara en los servicios y yo di mi testimonio. Era la primera vez que hablaba en público. Dije simplemente lo feliz que estaba de estar allí, porque yo no sabía todavía leer la Biblia. Ahora estoy aprendiendo a ser un cancionista. Vea qué fuerte es el poder del Señor.† (Informante I:2.)

Estos dos relatos describen un patrón de actividad que es típicamente presentado por la mayoría de los líderes de la primera generación. Este patrón consiste en: malestar físico inicial, viaje a un centro religioso dirigido por un misionero extranjero, curación por fe y bautismo (ingredientes esenciales de la experiencia de conversión de los Tobas), retorno a la comunidad y establecimiento de un culto vinculado a la denominación del misionero extranjero. Estos lazos denominacionales iniciales eran rápidamente cambiados en cuanto otros grupos evangélicos aparentasen ofrecer algo más en materia de ayuda financiera o educacional. Obsérvese que el segundo relato (Informante I:2) presenta cierta variación con respecto a este patrón, ya que el misionero vino por el informante con posterioridad a su estancia en la misión debido a la enfermedad de su sobrina. Con todo, los líde-

[40] Nótese el contraste con lo dicho por el Informante I:5, que sostenía que Juan Lagar lo había enviado a predicar a su pueblo. Albert Buckwalter estima que este incidente tuvo lugar a fines de 1954 o a comienzos de 1955.

res más fuertes e influyentes, sin excepción, ganaron algo al menos de su autoridad a través de contactos con misioneros extranjeros. En la medida en que esto legitimaba su autoridad, la aseveración de liderazgo carismático podría ser puesta en duda. Se podría argumentar que estos líderes eran discípulos, más bien que profetas.

Una observación más detallada de los hechos, no obstante, demuestra que fue necesario abundante carisma; si no, el movimiento nunca habría tomado vuelo. Primero, la curación servía ciertamente como un rito de transición para lograr la aceptación completa como líderes. No sólo les era necesaria la experiencia de curarse ellos mismos, sino que además se debía confirmar este poder de curación curando a otros por medio de la plegaria. Sólo aquellos capaces de curar a otros alcanzaron una reputación apreciable. Segundo, estos mismos líderes continuaron experimentando visiones y contacto directo con el poder espiritual, lo que les permitía formular el sistema de creencias sincrético que atraía al movimiento a una gran cantidad de seguidores.[41] Estas creencias dieron a los Tobas tanto una base para la acción como los medios para aceptar la vida tal como normalmente se presentaba, con sus numerosas frustraciones y fracasos.

La mejor explicación para comprender los amplios contactos directos originales con los misioneros (el informante 1:5 mencionado más arriba cambió con posterioridad su afiliación con siete grupos denominacionales diferentes) parecería ser la necesidad de la infusión de poder *(nshitaxat,* "instaurado en objeto de poder"), característica del chamanismo tradicional. Así como un iniciado podía adquirir poder a través de la infusión proveniente de algún chamán poderoso, de igual manera los nuevos líderes adquirían poder por medio del contacto con los representantes del nuevo poder, los misio-

[41] Hubo pocos líderes con este tipo de poder e influencia. Hoy día sólo se pueden identificar cinco o seis que proporcionaron el liderazgo básico que inició el movimiento. La influencia de Juan Lagar fue sin duda alguna sustancial, y quizá crucial, en los primeros tiempos.

neros. Esto era particularmente aplicable al misionero Lagar, quien según todas las apariencias tuvo algo de personalidad carismática. Como quiera que fuese —que el poder viniese del misionero, o directamente de sueños y visiones—, su fuente estaba fuera de la estructura social y religiosa tradicional. Además, el "mensaje" estaba legitimado por recurso directo a la autoridad de la Biblia. La naturaleza de este nuevo liderazgo puede ser más detalladamente ilustrada contemplando más de cerca la acción de una de las principales figuras en la organización de los nuevos cultos.

PEDRO MARTÍNEZ

El jefe Pedro Martínez —cuyo nombre toba era, como ya se indicó, *Qachioñi*— fue sin duda alguna quien más contribuyó a la cristalización del movimiento durante sus años formativos. Martínez era un *pi'oxonaq* tradicional que reforzó su posición viajando a Buenos Aires, poco tiempo después de que Perón llegó al poder, para obtener el derecho a asentar familias tobas en el área de Pampa del Indio, en el entonces territorio del Chaco. En Buenos Aires se relacionó con el líder pentecostal Marcos Mazzucco, quien estaba tratando de evangelizar a las tribus del Chaco. A través de Perón, Martínez obtuvo el derecho a la tierra, y a través de Mazzucco obtuvo el permiso legal *(fichero)* —requerido a todos los grupos no católicos en la Argentina— de la Iglesia de Dios Pentecostal, que le permitía realizar asambleas religiosas públicas. Fue este documento legal el que dio autoridad y prestigio a los esfuerzos de Martínez por iniciar cultos públicos en los asentamientos tobas del norte del Chaco y el sur de Formosa.

El papel doble de chamán tradicional y de nuevo líder religioso permitió a Martínez viajar extensamente y establecer a muchos líderes religiosos locales, en gran medida a su propio arbitrio, particularmente en aquellos asentamientos en donde no imperase ningún chamán tradicional. Apreció el poder integrador potencial de la ideología pentecostal, y usó sus contactos con Perón para acrecentar su propia autoridad. Muchos Tobas creían que Perón había ordenado al "Cacique" establecer iglesias pentecostales en todos los asentamientos tobas. Se pedía a las congregaciones locales colectar ofrendas, que eran enviadas al Cacique Martínez en Pampa del Indio. Él decía que enviaba estas ofrendas a Dios personalmente. Aquellos que no creían en su liderazgo hablaban de fabulosas riquezas que habría supuestamente acumulado, y popularmente se cree que, cuando murió, fueron encontradas enormes sumas de dinero escondidas en el piso de su vivienda. A los individuos a quienes elegía para dirigir las congregaciones locales los mantenía en la esperanza de obtener instrucción religiosa de misioneros extranjeros o de pastores nacionales, y hasta de apoyo financiero continuo a cargo de la Iglesia de Dios Pentecostal.

Luego de la muerte de Martínez, a mediados de la década de 1950, muchos líderes tobas quedaron desilusionados acerca de la "ayuda" que la Iglesia de Dios Pentecostal supuestamente debía proporcionar. Cuando se hizo patente que esta ayuda no se materializaría, las congregaciones locales o bien eligieron funcionar por sí mismas —ignorando cualquier ligazón con la denominación madre— o bien se afiliaron a alguna otra denominación, con la esperanza de lograr asistencia en ella. Las ambiciones personales de líderes individuales eran a veces estimuladas por el cambio de adhesión, de una denominación a otra. En un esfuerzo para minimizar esta especie de competencia, y para fortalecer el liderazgo y la autonomía tobas, los misioneros menonitas eliminaron casi todos los vínculos denominacionales y ayudaron a los Tobas a obtener su propio *fichero* bajo el nombre de la *Iglesia Evangélica Unida*. Muchas congregaciones, originalmente afiliadas a Martínez y la Iglesia Pentecostal, posteriormente se unieron a este movimiento independiente.

EL LIDERAZGO POSTERIOR

Luego de la muerte de Martínez, el liderazgo religioso llegó a ser reconocido como un estatus por derecho propio. Consecuentemente, el estatus de jefe de Martínez fue rechazado, y los nuevos líderes afirmaron su oposición al chamanismo tradicional. Por ejemplo, el informante I:5 (citado más arriba) afirma que sus mayores se oponían a su conversión porque eran chamanes. Esta clara ruptura entre los chamanes tradicionales y los *dirigentes* contemporáneos probablemente haya sido necesaria para consolidar la posición de estos últimos. Loewen *et al.* (1965:270*s*) citan estas palabras de su informante:

> Ningún chamán que quiera vivir puede dejar nunca de practicar el chamanismo. Primero de todo, porque si lo abandona se hace vulnerable a otros que, seguramente, le guardan rencor desde antes; pero además, si él deja de practicar irá perdiendo poco a poco su poder, y con él su prestigio personal.*

Los mismos autores citan el ejemplo de un chamán que entregó todos sus artefactos curativos a un misionero para que los quemara en una reunión pública, pero que a las pocas semanas se estaba dedicando con todas sus ganas a reconstruir su inventario. En su opinión, "el miedo y la vergüenza lo empujaron de nuevo al chamanismo" *(ibid.*:271). Los autores concluyen su informe con la siguiente observación:

> Francisco [el informante de ellos] creía que sólo había un remedio para esta situación: el remedio de Elías, como él lo llamaba. Todos los chamanes conocidos deberían ser liquidados de la misma manera en que Elías se deshizo de todos los

* Citado en inglés en el original. Nótese que aquí se usa la palabra *chamán,* a diferencia de la cita textual del informante I:5 transcrita más arriba. Hubiera sido interesante contar con el original en castellano, ya que estas palabras no parecen corresponder a lo que puede informar un Toba. [T.]

profetas de Baal en el Monte Carmelo (I Reyes, 18). Esto fue dicho con absoluta seriedad, y muestra dramáticamente cuán profundamente arraigadas están en los Tobas las bases del chamanismo y del poder. (Loewen *et al.*, 1965:271.)

Debe hacerse notar que el informante que citan Loewen y sus colaboradores había pasado muchos años en la Misión Nam Cum, y que era allí el iniciado más preparado. Consecuentemente, sus reacciones en contra de los chamanes probablemente fueran más violentas y exageradas que las de otros dirigentes menos adoctrinados por los misioneros. El punto crucial es, no obstante, que estos informantes citados (además de otros) reconocen una discontinuidad entre el liderazgo anterior y el actual. Muchos Tobas adultos informan que sus padres ya veían la necesidad de ajustarse a un ritmo de vida enteramente nuevo; habrían sido aconsejados para que adoptaran nuevos hábitos culinarios, para que cooperaran con los patrones, y para que adquirieran nuevas habilidades. Como se puede ver, había poca oposición sistemática contra la implantación de un nuevo tipo de liderazgo. Aquellos pocos chamanes tradicionales que continúan rechazando el nuevo movimiento religioso tienden a ignorarlo, más que a luchar frontalmente contra él. La enérgica oposición de los nuevos dirigentes al chamanismo tradicional fue debida más a sus intentos por cimentar su posición y por comunicar nuevas ideas (que inevitablemente causaron conflictos) que a una reacción por parte de los chamanes tradicionales.

La acción de un líder surgido durante este período (últimos años de la década de 1950) llegó a tener efectos de grandes consecuencias para el nuevo movimiento. Intentó romper los lazos que los unían a los misioneros y a los blancos en general, sosteniendo tener acceso directo al nuevo poder espiritual a través de visiones y comunicación con los seres de las nubes y el cielo. Basándose en un sincretismo entre la mitología tradicional y temas bíblicos, este líder rápidamente tuvo tras de sí una considerable masa de seguidores, y dividió muchas congregaciones locales. La historia de su trabajo e influencia nos fue muy bien contada por un dirigente contemporáneo que lo conoció de cerca:

Después de eso, M. Q. llegó de Formosa, de Bartolomé de las Casas. Él salió anunciando que había recibido visión de Dios, un sueño. Cuando llegó, visitó primero Cacique Pedro Martínez. Después pasaba por Pampa Chica y visitó a nuestro hogar. Yo mismo lo recibí. Después entró en las iglesias en todas partes. Él enseñaba el sueño y el Espíritu Santo, etc. Pero es muy parecido a las enseñanzas de antes. Él habló en contra de los misioneros y de todos los blancos. Decía que el mensaje viene directamente a los aborígenes y que no debemos andar con los blancos. Muchos creyeron y entró otra división. Enseñaba el salto [baile] también, diciendo que es un gozo del Espíritu Santo, y que el que no tiene el salto no recibe todavía el Espíritu Santo. Él dijo que no hay que dejar de saltar, y también dijo que los pastores quieren apagar el gozo y por eso prohíben el salto. La Iglesia de Dios predicó en contra, pero Alberto [misionero menonita] no.

Pero por la acusación de andar con varias mujeres, tres de ellas, dejó de recorrer y se apagó el asunto. Claro que la predicción se avanza y la gente se da cuenta y dejan a él. Porque él anunciaba también que la voz de Dios habla por el viento, y por las nubes. Curaba en el nombre de Dios. Algunos se sanaron, pero otros no. El remedio de él no era bueno, usaba sal y a veces sacó hojas de la Biblia y las hizo quemar, y con el humo tiene que sanar. Puso los enfermos adentro de la casa y hizo humo solamente con hojas de la Biblia. (Informante I:5, el mismo de más arriba.)

El rápido apoyo popular dado a M. Q. demuestra claramente la actitud ambivalente sostenida por la mayoría de los Tobas con respecto a los blancos y los misioneros blancos. Refleja también determinado estadio de desarrollo, cuando el nuevo estatus del liderazgo no estaba aún completamente definido. Si M. Q. hubiera encontrado una efectiva resistencia por parte de los misioneros y pastores blancos, y si no hubiera tenido problemas de mujeres, podría muy bien haber ayudado a que el nuevo estatus del liderazgo se hubiese conformado en una dirección diferente, que incluyese el desprecio a la asociación con los blancos y que influenciase de esta manera el contenido de la prédica. No obstante, fue ignorado en gran medida por los hombres de iglesias establecidas, y en gran medida perdió seguidores debido a sus propias acciones. La influencia de M. Q. fue, no obstante, de largo alcance, y la danza que él enseñó llegó a ser adoptada como parte integral de muchos cultos. La curación con sal que llevaba a cabo comprendía el uso de la planta llamada *toue* (un arbusto de la familia de las Salicáceas), la cual había sido usada tradicionalmente como curativa por los Tobas. La quema de hojas de la Biblia con propósitos de curación no fue muy adoptada, pero sus ideas acerca de las visiones y el contacto directo con seres poderosos alcanzaron amplia aceptación. A este respecto, es significativo que su caída fuera provocada por las mujeres y no por la teología. Esto quiere decir que no fue abandonado por la mayoría de sus seguidores debido al contenido de su prédica, sino en razón de sus relaciones con las mujeres.[42] A medida que la influencia de M. Q. fue disminuyendo, sus congregaciones en los asentamientos locales o bien quedaron como independientes, o bien se unieron a grupos más arraigados, tales como la Iglesia Evangélica Unida.

Para poder desempeñarse en el nuevo papel de líder, el dominio del castellano se hacía imprescindible. En consecuencia, los nuevos dirigentes fueron a menudo llamados a proporcionar también cierto liderazgo de tipo civil en los asentamientos locales. Esto es particularmente aplicable a los grupos urbanos, formados más recientemente. No obstante, el verse demasiado involucrado en asuntos civiles invita a la sospecha y al descontento entre los miembros del culto. En los pocos casos en que los

[42] Varios informantes (I:5, I:2, II:2) indicaron que cada vez que hicieron insinuaciones a M. Q. acerca de sus relaciones con las mujeres en sus viajes de predicador, éste les respondía: "A donde la cabra lo lleva, allí va el chivo." † Loewen *et al.* (1965:274) también citan este dicho.

dirigentes han abandonado sus actividades religiosas para dedicarse a trabajos de tiempo completo —usualmente de naturaleza política—, no han logrado muchos seguidores, y se los acusa de "llenarse los bolsillos" a costa de "los pobres".

Los nuevos líderes debían estar preparados para cambiar de estrategia o para modificar su táctica a medida que la situación lo demandara. Un informante (1:5) demostró esta habilidad cuando su plan para establecer una "central" religiosa encontró fuerte oposición en la convención anual de la Iglesia Evangélica Unida de 1963. Su plan era financiar esta central gracias a ofrendas de las congregaciones locales. Como resultado de la oposición encontrada, pospuso la decisión final por varios años, hasta que la convención de 1966 aceptó su moción y aportó los fondos necesarios para el propósito. Su idea era construir un edificio que sirviera como base para la instrucción religiosa de los jóvenes, y que fuera el lugar en el que se realizaran las convenciones anuales. Las ofrendas de las congregaciones cooperantes sustentarían a un líder toba (él mismo), permitiéndole dedicar todas sus energías a la dirección del movimiento religioso. Como los fondos de las iglesias habían sido siempre un motivo explosivo de discordia, el nuevo líder encontró necesario proceder con cautela. Ya ha sido acusado de hacer mal uso de los fondos, y corre el riesgo de que se provoque una seria división entre sus seguidores. Por otra parte, si el aporte regular de fondos no se llegara a concretar, este líder y sus defensores seguramente sufrirán una desilusión y no llegarán a proporcionar al movimiento el tipo de liderazgo capaz de garantizarle el impulso fundamental.

A menos que se consiga alguna base permanente de financiamiento, y que se establezca alguna forma rutinaria de reclutamiento, el movimiento corre el peligro de desintegrarse. Hasta el momento, esta rutinización no ha llegado a materializarse más que en un sentido limitado. Prácticamente todos los asentamientos tobas del Chaco han sido evangelizados, todas las categorías de edad y sexo han sido alistadas (algunos varias veces), y el movimiento ha alcanzado un punto crítico. La formación de nuevos cultos en asentamientos urbanos está inyectando alguna nueva savia en el movimiento, pero no bastaría para mantener el empeño. Un liderazgo fuerte parecería imperativo a nivel organizativo durante este período, pero por lo general hay oposición y desconfianza hacia él. Los formuladores y propagandistas en gran medida se han gastado. La clave para el futuro del movimiento parecería depender de la afirmación de un nuevo tipo de líder, capaz de consolidar y organizar más eficientemente las conquistas ya logradas. Si la historia es tomada como indicador preciso de la capacidad y elasticidad de los Tobas para ajustarse a nuevas situaciones, se puede predecir, casi sin temor a equivocarse, que un nuevo liderazgo organizador surgirá en un futuro próximo.

6. COACCIÓN SOCIAL

En su discusión acerca de los "determinantes" que dan forma a la conducta colectiva, Smelser (1962) puntualiza que el "control social" sirve como coacción que se sobreimpone a alguno o a todos los estadios en el proceso de adición de valores. Esto es, la dirección que el movimiento finalmente tome dependerá en gran parte del tipo de reacción que el movimiento encuentre. La represión violenta puede desbaratar completamente un movimiento, mientras que una reacción más pacífica puede empujarlo en una dirección específica. Consideremos dos factores que sirvieron para coaccionar y determinar el curso del movimiento toba: las reacciones de las autoridades oficiales argentinas y la respuesta de los grupos religiosos establecidos.

OPOSICIÓN POR PARTE DEL GOBIERNO

Con posterioridad al episodio de 1924, el miedo de los Tobas a la intervención de la policía llegó a adquirir dimensiones paranoides. De hecho, los grupos tobas menos accesibles aún reaccionan con miedo y sospecha ante la llegada de vehículos desconocidos. Las casas parecen estar totalmente abandonadas y la comunidad deshabitada hasta que la identidad del visitante no haya sido fehacientemente establecida.[43] La ley argentina que requiere a todos los grupos religiosos no católicos el poseer un documento legal *(fichero)*, para que les sea permitido sostener asambleas públicas, fue de vez en cuando im-

[43] Esta observación se basa en la experiencia personal, particularmente en lo que se refiere a los primeros años de mi experiencia de campo (1959-1963).

puesta en las áreas más rurales durante los primeros tiempos del movimiento. Particularmente en la provincia de Formosa, la policía a veces intervino para dispersar con brutalidad las asambleas religiosas. Como resultado de estas intervenciones aisladas, exageradas historias acerca de la oposición policial produjeron una tremenda ansiedad por lograr la documentación correspondiente. El pentecostalismo representaba una religión minoritaria que no sólo no era compartida sino ni siquiera comprendida por la mayoría de los agentes policiales rurales. Consecuentemente, muchos de estos agentes mostraron su hostilidad hostigando a veces. Un problema fue que el fichero no era fácil de conseguir. Si un líder local deseaba organizar un culto, debía lograr el patrocinio de alguna denominación debidamente registrada ante el gobierno. Si el representante de la denominación no confiaba en la sinceridad o capacidad del líder local, podía negarse a proporcionar el documento. Y conseguir un fichero propio significaba un complejo trámite burocrático en el lejano Buenos Aires, algo demasiado desacostumbrado para que los Tobas lo considerasen seriamente. El rápido éxito de la Iglesia Evangélica Unida, justamente, fue debido en gran parte a la solución de los problemas concernientes a la obtención de este permiso legal. Los Tobas presentían que una vez logrado el control de un fichero ningún agente externo podría ya ni quitárselo ni rehusar proporcionárselo cuando fuese solicitado. Este tipo de demandas había sido a veces rechazado por los misioneros y pastores blancos.

Tanto Smelser (1962:365*s*) como Worsley (1968:conclusiones) puntualizan que el efecto de la represión permanente es generalmente el de forzar a un movimiento a la clandestinidad o a la pasividad, hasta hacerlo agonizar. Si, en cambio, la represión es esporádica y en general poco efectiva, puede esperarse que el movimiento prospere. De hecho, cierto grado de oposición sirve para estimular a un movimiento a alcanzar mayores logros. Si bien las acciones aisladas de unos pocos y celosos oficiales de policía dudosamente podrían ser consideradas como una represión organizada (máxime cuando fueron de carácter local y no sistemáticamente ejecutadas), fueron interpretadas como tal por los Tobas. En este caso, el factor significativo no fue cuán grande oposición el movimiento *realmente* enfrentó, sino cuánta *creyó* haber enfrentado. La oposición sentida fue lo suficientemente fuerte como para proporcionar a los Tobas un sentimiento de compromiso y una determinación tal que sirvieron para solidificar el movimiento en un sentido crucial de su desarrollo.

Durante la década pasada ha habido un cambio de actitud por parte de los funcionarios del gobierno. Muchos han acabado por tolerar, si no respetar, el movimiento y sus participantes. Probablemente este cambio de actitud deba buscarse en el hecho de que el movimiento en general ha facilitado —en vez de aumentarla— la tarea de mantener el orden en los asentamientos tobas. El resultado es que hoy no se nota ninguna oposición abierta por parte de las autoridades oficiales. Esto significa que el movimiento ya no se beneficia del enfrentamiento que lo llevaba a mantenerse unido. Ahora ha quedado librado a su propia fuerza.

OPOSICIÓN POR PARTE DE LA AUTORIDAD ECLESIÁSTICA INSTITUCIONAL

Un segundo factor que sirvió para conformar las características del movimiento toba fueron las actitudes y acciones de los misioneros blancos (por lo general extranjeros) y de los pastores (de origen nacional). En tanto que la asociación con los grupos misioneros proporcionó a los Tobas la documentación legítima y la autoridad apropiada a sus jóvenes líderes, estos grupos fracasaron en su intento de impartirles teología o dictarles su ritual. Los Tobas fueron amos de su propia ideología, y sus creencias y prácticas caracterizaron sus actividades e interpretaciones. Estas interpretaciones, reconocidamente, estaban basadas fundamentalmente en la prédica de los criollos y misioneros, que los Tobas absorbieron y analizaron a su manera y para sus propios propósitos.

Esta observación está claramente ilustrada por la danza extática y el trance que son característicos de muchos cultos. A pesar de que los Tobas son plenamente conscientes de las actitudes negativas mostradas por la mayoría de los misioneros y pastores con respecto a este aspecto del culto toba, la danza continúa desempeñando una función integradora en muchos servicios. En más de una ocasión, el predicador blanco visitante solicitó que cesara la danza para que la congregación pudiera oír su sermón. Un ministro pentecostal se hizo famoso por negarse a hablar hasta que la congregación no guardara silencio. Más de una congregación enfrentó la amenaza de perder su fichero si no se modificaba esta costumbre. Este tipo de oposición empujó a muchas congregaciones hacia la Iglesia Evangélica Unida —que aceptaba la danza— o hacia la completa independencia, máxime ahora que el fichero es un problema menor que hace una década. La oposición por parte de los blancos —del tipo de la que M. Q. desdeñaba— bien puede haber asegurado a la danza una posición permanente y significativa en el ritual toba. Éste es el aspecto del culto que es auténticamente toba, que no se atiene a las enseñanzas de los misioneros o criollos para afirmar su existencia. Las actitudes ambiguas con respecto a los blancos son tan aparentes aquí como en todo. A los Tobas les importa más su propia interpretación, o reinterpretación, que ganar el apoyo pleno de sus mentores blancos. Pero al mismo tiempo estos últimos son buscados con el fin de lograr asistencia educacional y financiera en la medida en que sea posible.

Por el momento, no parece haber otros factores de coacción incidiendo sobre el movimiento toba. Como resultado, algunos de los estímulos e impulsos originales se han perdido. La mayor flexibilidad mostrada en las actitudes y acciones del exterior pueden sin duda ir mellando los filos del movimiento, y podrían imaginablemente desviar hasta cierto punto su rumbo.

7. UNA NUEVA PERO PRECARIA ARMONÍA

El modelo de Wallace (1956) del proceso de revitalización comienza y termina en un estado estacionario. El supuesto es que un sistema sociocultural funciona para mantener un equilibrio en el cual "técnicas culturalmente reconocidas para la satisfacción de necesidades operan con tal eficiencia que la tensión crónica dentro del sistema varía dentro de límites tolerables" (*ibid.*:268). La idea es que el proceso de revitalización tiene lugar cuando esta tensión ya no puede ser gobernada adecuadamente, con lo que surge un nuevo estado estacionario, *cualitativamente* diferente del anterior. Los datos sobre los Tobas sugieren que un sistema cultural puede ser más elástico que lo que entraña el modelo de Wallace. Esto es, más que sufrir un proceso de transformación de un sistema cultural a otro, los Tobas parecen meramente haber generado nuevos mecanismos —además de la reinterpretación de los antiguos— para vérselas con la tensión cuando ésta alcanza niveles intolerables. Claro es que varios valores básicos de los Tobas fueron alterados de manera de permitir una mejor adaptación a un medio ambiente cambiante, pero estas alteraciones no deberían ser interpretadas como una transformación completa. Cuando la tensión logra reducirse, se alcanza el reajuste del viejo sistema cultural, no el surgimiento de uno enteramente nuevo.

El mecanismo primario de reducción de tensión del movimiento de tipo pentecostal comprende el trance extático, en el cual los Tobas experimentan un nuevo tipo de relación armónica con el medio ambiente del que quedaron alienados. Pero este peculiar mecanismo adaptativo, si bien proporciona alivio individual, no resuelve los problemas básicos productores de tensión, de lo que resulta una adaptación precaria. En la medida en que hayan sido adoptados valores modificables, podría haber mayor reajuste, que minimizase la probabilidad de resurgimiento de la tensión, lo cual podría requerir nueva acción dramática. El propósito de este capítulo es describir la naturaleza del nuevo sistema adaptativo, que procuró enfrentar la tensión cuando ésta alcanzó niveles intolerables.

RELIGIÓN EXTÁTICA

El tema central de la experiencia religiosa toba está en última instancia ligado al trance extático, el cual a su vez puede ser mejor descrito mediante los conceptos de *salud* y *gozo*. Es significativo que sean términos castellanos, lo cual indica la naturaleza sincrética del movimiento toba.

El término *salud* no se refiere estrictamente a la salud física, aun cuando su expresión máxima entrañe la ausencia de impureza asociada a la enfermedad física, noción no ajena a la Biblia. Para los Tobas la salud se extiende a lo no físico, incluyendo un deseo de revitalización cultural y un sentido de identidad que incorpore a la dignidad humana. Comprende un deseo tremendo de superar las circunstancias dolorosas e injustas que impiden las relaciones armónicas con el medio ambiente. El punto de vista de los Tobas acerca de la salud es en este sentido monista, ya que no distingue entre el mal físico y el psicológico. El malestar físico es sólo un síntoma, por básico que sea, de estados mentales y espirituales de insatisfacción. La búsqueda de la salud por los Tobas tiende a lograr un estado de plenitud que comprenda la satisfacción física, mental y social.

El concepto toba de *gozo* es más complicado. Se refiere específicamente a la danza extática y al estado de trance en el cual el participante pretende lograr la posesión y dominación completa por el Espíritu Santo. Un informante (II:1) que experimentaba el gozo con frecuencia usó el término que se aplica al orgasmo *(iviloxol)* para describir la experiencia. De acuerdo con él, el gozo es algo que lo domina y lo "sacude" a uno, dejándolo enteramente receptivo a su control. Es esta posesión o comunión mística con el Espíritu Santo la que proporciona los medios para lograr la salud y el gozo, los estados especiales de plenitud y saciedad en los cuales el individuo supera las limitaciones psicológicas y existenciales de su condición ordinaria. Esta extraordinaria experiencia que eleva a los Tobas por encima de su existencia cotidiana, trivial e intolerable, es comparable a las relaciones místicas características de muchas grandes religiones.

La naturaleza de esta relación puede ser mejor comprendida investigando más de cerca el trance propiamente dicho. Deberá recordarse que el trance es inducido por la danza extática, hasta que el individuo cae al suelo en una liberación catatónica de la respuesta voluntaria a su medio ambiente. En esta condición, el participante experimenta una liberación de la sensación, sus músculos quedan rígidos y su postura fija. La respiración se hace más lenta y menos profunda, y para el ojo inexperto parecen estar presentes todos los síntomas de la catatonia. Durante este período se pierde todo contacto voluntario con el medio, se suspende la actividad simbólica ordinaria del individuo, y queda libre para relacionarse directamente con la "realidad" cósmica. A pesar de que Munroe (1955:499) se refiere a este estado como "la menos peligrosa de las evoluciones esquizofrénicas", parecería que esta experiencia proporciona justamente el mecanismo preciso que los Tobas necesitan para mantener su salud e integridad. Debe señalarse que todos los Tobas, hombres y mujeres, desde adolescentes hasta ancianos, parecen ser capaces de experimentar el trance, si bien algunos individuos lo alcanzan más fácilmente que otros. La liberación extática también es posible sin llegar hasta el trance mismo. Esto es, en la danza el individuo experimenta una enorme liberación de la tensión, de tal manera que es "limpiado" del control asociado con la existencia ordinaria. En este estado es posible recibir visiones sin entrar en el trance propiamente dicho, con sus características catatónicas. En un culto normal sólo unos pocos individuos experimentan el trance en sí. No obstante, es el trance lo que caracteriza la capacidad de los Tobas por penetrar más allá del dominio ordinario de la experiencia con el fin de restablecer la armonía de la existencia extraordinaria.

La experiencia religiosa de los Tobas conlleva una dicotomía de la realidad, no en términos de lo sagrado y lo profano tales como fueron descritos por Durkheim (1961), Otto (1929), Eliade (1957) y otros,[44] sino más bien en términos del mundo ordinario de la experiencia cotidiana por un lado (comprendiendo el trabajo, la pobreza, la inseguridad económica y psicológica, y las fuerzas del bien y del mal tales como el poder de los *pi'oxonaq* que pueden matar o curar indiscriminadamente) y el mundo de lo extraordinario por el otro (en el que el participante puede superar las frustraciones y limitaciones de la existencia ordinaria mediante su capacidad por penetrar en las dimensiones arrobadoras de la emoción y la plenitud, que tan desesperadamente desea). El deseo toba de vivir y superar lo ordinario se refleja en su tremendo empeño por experimentar lo extraordinario. Esta liberación de las crisis de la existencia ordinaria fue anteriormente buscada en el alcohol. Con respecto a esto es importante hacer notar que es por todos aceptado que el culto ha reemplazado en gran parte —y en muchos casos en forma total— a la necesidad de buscar alivio en el alcohol. Esto puede explicar la rápida aceptación de la práctica pentecostal acerca de la prohibición de la bebida. Una experiencia nueva y superior tornó

[44] Esto no quiere decir que estos tres autores coincidan en su visión acerca de lo sagrado y lo profano, si bien los tres parecen conceptualizar lo sagrado como lo "completamente otro" *(ganz andere)*, y como la experiencia que entraña miedo, terror, misterio y majestad. Según esta definición, los seres espirituales pertenecerían a lo sagrado, lo cual no refleja acertadamente el punto de vista de los Tobas. Esta observación fue sugerida por conversaciones con Edgardo Cordeu, en 1966.

superflua la antigua. El mecanismo anterior para lograr la liberación de lo ordinario fue remplazado por la función terapéutica de la danza extática.

A lo extraordinario está asociada la noción de pureza, un concepto familiar a las grandes religiones. La posesión completa o infusión por el Espíritu Santo significa el dominio sobre las fuerzas impuras. De la misma manera en que en los tiempos pasados se consideraba que las mujeres menstruantes amenazaban el poder del cazador, en la actualidad se espera que se abstengan de ir al culto en esos días, ya que su estado impuro negaría el poder espiritual allí reunido. Así, la experiencia del gozo es reinterpretada en términos de temas bíblicos de curación y expulsión de demonios, pero sus raíces se encuentran en las creencias e ideología tradicionales. A este respecto, podría esperarse que los Tobas aprovecharan más el concepto de pecado, pero sin embargo no ha sido así. La noción habrá resultado muy abstracta o —lo más probable— demasiado específicamente negativa para una mentalidad animista.

La dicotomización que hacen los Tobas del mundo de la experiencia, entre los dominios de lo ordinario y lo extraordinario, no es, así, un fenómeno enteramente nuevo que sigue a una desintegración sociocultural. Las ceremonias tradicionales de la algarroba también comprendían el éxtasis, alcanzado bajo la influencia de esta bebida. Parecería que los estados extáticos presentes en la cultura tradicional y aquellos del culto contemporáneo son muy similares, si no en contenido al menos en estructura. La esencia de ambos consiste en un deseo de salir del mundo mezquino y miserable de la experiencia ordinaria por medio de un estado de rapto y liberación. El pentecostalismo proporcionó a los Tobas una estructura (el culto religioso) y una ideología (la posesión por el Espíritu Santo) que permitieron revivir y reinterpretar la experiencia anterior en términos de la situación contemporánea. Proporcionó la forma más alta de liberación de una tensión creciente, en un tiempo particularmente oportuno. Esta solución religiosa dada a una situación intolerable debe ser entendida en términos de un sistema adaptativo tradicional en el cual la religión había jugado un papel crucial.[45] La formulación de creencias de esta naturaleza fue lo que conformó la base organizadora de la acción colectiva asociada con el movimiento del culto.

EL NUEVO SISTEMA ADAPTATIVO

Las presiones externas de la conquista y la colonización pusieron bajo una tensión intolerable el sistema adaptativo tradicional de los Tobas. La elevación de la tensión puede ser conceptualizada en términos del orden jerárquico de los componentes de la acción social propuesto por Parsons. Cuando la tecnología toba no pudo oponerse a la de los invasores, la tensión presionó sobre el nivel de los recursos. Las armas de los Tobas no pudieron competir con las de los europeos, ni sus herramientas resultaron adecuadas para explotar el medio ambiente cuando fueron confinados a áreas geográficas restringidas. Esto, a su vez, llevó a la tensión a presionar sobre el segundo nivel, la movilización de los actores en papeles sociales. La ambigüedad de los papeles se hizo más aguda en los algodonales, en donde las habilidades tradicionales no eran tomadas en cuenta y en donde se requerían otras nuevas. Los artesanos expertos fueron de repente dejados de lado, y las mujeres adquirieron las mismas habilidades que los hombres, desorganizando los modelos funcionales tradicionales. La ambigüedad, a su vez, socavó las reglas reguladoras, o normas, que gobernaban la conformidad y la desviación, el tercer nivel de componentes de la acción. Las tensiones creadas por la necesidad de adoptar una nueva economía, las obliga-

[45] Definimos la religión como las creencias y actividades que relacionan al hombre con los seres y/o poderes espirituales. Para los Tobas, estos seres son parte del mundo natural, si bien son sobrehumanos en su conocimiento y capacidades comunicativas, incluyendo un poder de carácter extraordinario.

ciones conflictivas hacia el gobierno argentino y la incertidumbre ligada al proceso de secularización, produjeron una enorme tensión en el nivel normativo de la conducta. El papel tradicional de cabeza de familia, por ejemplo, fue seriamente amenazado por una nueva economía en la que la adquisición de dinero frecuentemente entraba en conflicto con las reglas tradicionales referentes a la búsqueda de alimentos. La cantidad de caza y su distribución seguían normas estrictas que habían operado por siglos. En la nueva economía, por el contrario, la cantidad que uno podía adquirir no estaba limitada, y ninguna regla determinaba cómo o cuándo deberían ser gastados los salarios. Con respecto a la mujer, el nuevo papel de asalariada trastrocó también la conducta normativa tradicional, ya que su acceso a los recursos alimentarios había sido inferior al de los hombres. En sus relaciones sociales con hombres blancos, la mujer toba tampoco encontraba que se aplicaran las normas sociales tradicionales, ya que el control social se hacía unilateral y menos efectivo. Además, la ruptura de los tabúes no siempre producía los desastrosos resultados predichos, lo que aparentemente alteró las prácticas tradicionales que gobernaban la interacción entre los sexos.

La imposibilidad de resolver la tensión normativa hizo presión sobre el componente más alto de la acción social: el nivel de los valores. Se recordará que los valores tradicionales de los Tobas involucraban el mantenimiento de la armonía entre el hombre y el orden natural, y una preocupación fundamental por el bienestar del grupo. La más seria ruptura de la armonía, a propósito de los valores, fue el fracaso de los chamanes que culminó en el desastre de 1924. Con respecto al otro valor básico —el bienestar de los prójimos— era central la acción de compartir. Dentro de los grupos de parentesco eran ofrecidos alimentos, ropa, abrigo y pronta asistencia en caso de dolor físico, en cuanto fueran necesarios, sin siquiera preguntar nada. Las prácticas contemporáneas en la crianza de los niños continúan promoviendo la costumbre de compartir, aun cuando ésta no sea ya adaptativa, como ilustración de rezago cultural. Así, se hace que los niños compartan la comida desde una edad muy temprana, aun antes de que comiencen a hablar. A veces hasta se le saca a un chico la comida de la boca para dársela a un hermano o hermana, en un esfuerzo por subrayar la importancia de compartir. La importancia de esto dentro de los patrones tradicionales de subsistencia es obvia, pero resulta mucho menos adaptativa en una economía monetaria. El motivo de la adquisición es crucial para el feliz funcionamiento de esta última. El prestigio individual, en este caso, está determinado por la cantidad que uno posee. En la sociedad toba tradicional, los bienes materiales se destinaban al consumo más que a la posesión. El prestigio era otorgado a la persona capaz de *contribuir* con más al consumo del grupo. Así, la tendencia a adquirir entraba en conflicto con los valores tradicionales, resultando en actitudes ambivalentes hacia el dinero. Algunos lo compartían rápidamente, particularmente cuando se trataba de asistir a otros en cuestiones de comida o viajes, mientras que otros lo guardaban celosamente. El valor dado a la asistencia a los demás fue puesto en jaque cuando las acciones tradicionales ya no alcanzaban los fines deseados.

Debe señalarse, a este respecto, que mientras los bienes materiales son compartidos fácilmente, ciertos tipos de información y habilidades son celosamente guardados. El conocimiento acerca de la curación logrado por un chamán en comunicación con su espíritu compañero, junto con los cantos curativos, fueron adquiridos en forma personal y transmitidos sólo a un iniciado elegido. Consecuentemente, algunos Tobas conceptualizaron el dinero dentro de esta categoría de dominio privado, mientras que otros lo trataron como un bien material para ser compartido. Esto creó una dicotomía perceptual que se agregó al problema del conflicto de valores.[46]

[46] El atesoramiento del conocimiento y del poder acerca de la curación y los espíritus ayuda a explicar la sospecha de los Tobas de que los misioneros guardaban celosamente los secretos más profundos de su oficio, rehusando compartirlos con ellos.

Buscando reducir la tensión en el nivel valorativo de la acción social, los Tobas adoptaron el pentecostalismo, que trajo consigo a su vez más alteraciones en sus valores tradicionales. El valor del equilibrio y la armonía de tiempos pretéritos fue conceptualizado en términos del mundo actual. El propósito era experimentar la armonía aquí y ahora. Con la adopción de la escatología pentecostal, sin embargo, la realización más completa de esta armonía fue proyectada hacia el futuro. Un elemento clave en la ideología del culto se refiere a la insistencia en un estado futuro en el que los Tobas "reinarán con todos los santos en la gloria". Este tema aparece frecuentemente en cánticos y sermones, con la promesa de que Cristo pronto volverá para aliviar de todos los sufrimientos a sus seguidores, después de lo cual prevalecerá un estado de bienaventuranza en todas partes. Estos cantos son entonados con un entusiasmo inmenso, y proporcionan momentos de elevado contenido emocional en la ceremonia religiosa.

La proyección de la armonía completa en un estadio futuro, al mismo tiempo que reafirma un valor tradicional, de hecho lo altera. Como los esfuerzos por restaurar el orden social habían fracasado tan estrepitosamente en los niveles inferiores de los componentes de la acción social, no es sorprendente que la escatología apocalíptica haya permitido la descarga de la frustración en el nivel de los valores. El equilibrio y la reparación morales eran imposibles en este mundo, y por lo tanto fueron proyectados en un plano futuro. No obstante, cierto grado de esta armonía es también experimentado aquí y ahora, mediante la participación conjunta de Tobas y blancos en ceremonias religiosas, en donde se espera que el mensaje "uno en Cristo" logre superar las barreras étnicas. Así la vida llegó a ser conceptualizada en términos menos ambiguos y moralmente más aceptables. No sólo se encontró una promesa de reparación futura, sino además, y hoy mismo, cierto grado de igualdad de estatus. Y cuando esta experiencia actual se pierde o no alcanza a satisfacer, siempre está la posibilidad de la danza y el trance, que pueden proporcionar liberación y satisfacción emocionales.

Otra alteración asociada con la adopción del pentecostalismo se refiere a la diferencia fundamental entre la comunicación directa con los poderes espirituales reservada a unos pocos y la comunicación directa para todos. En el sistema adaptativo tradicional sólo el chamán podía consultar a su *ltaxayaxaua* acerca del poder necesario para resolver un dilema particular, y restaurar así la armonía que había sido rota. En el culto religioso, por el contrario, todos los participantes pueden comunicarse directamente con los poderes espirituales mediante plegarias, y todos pueden en principio experimentar el gozo en la danza y en el trance extático. Esta posibilidad para todos de alcanzar el mismo poder espiritual ha alterado significativamente tanto la naturaleza de la experiencia religiosa como la estructura de las relaciones sociales. Aún se requieren mediadores *(dirigentes)* para interpretar la Biblia y para demostrar poderes especiales de curación e instrucción, pero su papel es fundamentalmente diferente al de los chamanes tradicionales. Si bien los "dones" de curación y profecía permiten a los *dirigentes* funcionar como especialistas religiosos, el poder en sí —o "gracia"— es potencialmente asequible a todos. Además, no sólo se han alterado las posibilidades de acceso al poder espiritual, sino que la naturaleza misma de lo sobrenatural también llegó a ser conceptualizada en forma en cierta medida diferente.[47] La relación entre un creyente y Cristo o el Espíritu Santo, si bien estructuralmente análoga a la del chamán con su espíritu compañero, es de hecho muy diferente, ya que el ser sobrenatural supuestamente está presente en forma constante y no es llamado exclusivamente en tiempos de crisis. La comunicación con lo sobrenatural se ha convertido en un

[47] Hasta aquí hemos evitado casi siempre el uso del término "sobrenatural", ya que no es un concepto que se ajuste a los datos empíricos. No obstante, el modelo del investigador entra en juego a nivel de análisis. Es en este sentido como el término es usado aquí y en la conclusión.

objetivo en sí mismo, más que en un medio para alcanzar un objetivo.

El nuevo sistema adaptativo, entonces, se basa profundamente en la religión, igual que el anterior. Es más, el grado de confianza en ella es, si se quiere, más fuerte aún, ya que el acceso al poder espiritual ha sido abierto a todo el mundo. El cantar, el rezar y el danzar con miras al trance extático son todos acciones orientadas hacia los valores, adoptadas junto con el pentecostalismo, el que ha venido a desempeñar un papel esencial en la vida de los Tobas contemporáneos. La predicación —el otro elemento básico del culto— aparentemente ha remplazado el relato tradicional de mitos y cuentos. Y, lo que es más significativo, las formas presentes de la experiencia religiosa son sancionadas recurriendo a citas de la Biblia, como son las prohibiciones en contra de la bebida, el robo, o el confiarse a la subsistencia tradicional cuando ésta entra en conflicto con el nuevo sistema de valores. La abstinencia del grupo en lo que se refiere a la bebida y el tabaco —en un intento por preservar limpio el cuerpo como "templo del Espíritu Santo"— representa sin duda alguna un valor completamente nuevo para los Tobas, si bien debería ser interpretado a la luz de la ebriedad desenfrenada que siguió a los períodos iniciales de contacto continuado con los colonos.

Además, el culto ha proporcionado a los Tobas un mecanismo de unificación en una escala previamente desconocida en su historia. Ha logrado proporcionar integración tanto a nivel de los asentamientos como a un nivel superior. No obstante, esta integración no es tan sólida como lo que el anterior enunciado pareciera implicar. En muchos asentamientos están profundamente arraigadas facciones religiosas y políticas, y el mensaje de paz y hermandad del culto no siempre ha conseguido reafirmar la tradicional preocupación por los parientes al grado de que la solidaridad fuera siempre mantenida. Por el contrario, el concepto se ha vuelto tan difuso y generalizado que ha perdido algo de su apremio práctico e inmediato. Un buen ejemplo se refiere a la costumbre de compartir, que fue firmemente practicada dentro de la banda tradicional. Los asentamientos contemporáneos no constituyen el mismo tipo de grupos de parentesco, sin embargo, y se espera que sea el culto quien proporcione esta integración. Los mandamientos bíblicos de amar al prójimo y de ser sostén del hermano pueden haber servido para extender la importancia del parentesco, de manera que el amor al hermano en todas partes no siempre incluya una preocupación práctica por el bienestar de la familia. Así, el estatus exacto del compartir permanece ambiguo y sin resolver. No obstante, es el culto lo que proporciona el medio para la expresión y experiencia de los nuevos valores.

El nuevo sistema adaptativo también resulta precario en términos de adaptación económica y de recuperación de la dignidad humana. A medida que los Tobas se ajustan a la economía monetaria, la búsqueda de trabajos los lleva a lugares tan lejanos como, por ejemplo, Buenos Aires. Esta separación con respecto a los recursos de su tierra tradicional ha hecho que se vean obligados a depender de nuevas habilidades, que están todavía en proceso de perfeccionamiento. Como resultado, los Tobas están atrapados entre dos mundos. No han roto completamente con su vieja base económica, ni se han adaptado completamente a la nueva. En esto el culto ayuda poco, como no sea en facilitar contactos que permitan la obtención de nuevos trabajos. En la sociedad tradicional, era el chamán quien dirigía la búsqueda de alimento. Hoy en día esta responsabilidad recae sobre cada jefe de familia. Lenta pero inexorablemente, la familia nuclear está emergiendo por derecho propio como una unidad económica, en contraste con la familia extensa de los tiempos de los cazadores y agricultores. El culto ha permitido a los Tobas interactuar más efectivamente con los que no lo son, y de esta manera ha cumplido una función adaptativa. No obstante, no es funcional en la medida en que permite un escape y una concentración en un estado futuro, en vez de aportar los medios para la resolución de los problemas inmediatos. Si el movimiento se transformara en un grupo capaz de librar una acción política efectiva, su valor adaptativo podría incrementarse fuertemente.

En términos del delicado pero importante problema de la dignidad humana, el culto sólo ha tenido un éxito parcial. Si bien los Tobas y los blancos se han efectivamente unido en las actividades del culto, el grado de identidad e igualdad logrado ha sido mínimo. Los Tobas aún se definen a sí mismos por oposición a su contraparte blanca, y los recelos profundamente arraigados de desconfianza e inferioridad salen muchas veces a la superficie. Los programas destinados a ayudar a los Tobas —sean sociales, religiosos o políticos— contienen siempre ingredientes esenciales de paternalismo, y los Tobas no han adquirido el estatus que todo ser humano merece. A este respecto, quizás el culto haya creado la ilusión de la igualdad, aunque sin lograr desarrollar la preparación básica que serviría de base para la igualdad real. Es más probable que esta preparación se dé en el trabajo, o en los nuevos asentamientos urbanos, en donde la interacción con los que no son Tobas seguramente se incrementará y se hará más intensa.

8. CONCLUSIÓN

La noción de armonía implica un ordenamiento particular de las partes, una congruencia —por decirlo así— entre elementos distinguibles. A diferencia de la melodía y el ritmo, la armonía presupone una estructura de acorde, la fusión de sonidos simultáneos de diferente altura y cualidad. Lo que constituye la armonía es esta combinación de elementos distintos en un ordenamiento particularmente placentero. La disonancia ocurre cuando los elementos en cuestión están en discordancia uno con otro, de tal manera que la discrepancia o incongruencia es manifiesta.

Desde el punto de vista de los Tobas, parecería que los elementos críticos que debían ser mantenidos en relaciones armónicas comprendían el medio físico (el cual involucraba un universo estratificado que incluía señores de los animales y espíritus de los difuntos), el medio social (consistente en grupos tobas de parentesco y su interacción con otros grupos de varios tipos), y un sentimiento de mérito e identidad de la persona frente a estos medios. En la sociedad tradicional, la responsabilidad mayor para lograr el mantenimiento de esta armonía recaía, por supuesto, en el chamán y en su capacidad para comunicarse con espíritus compañeros imbuidos de poder. Cuando la armonía fue seriamente trastornada debido a factores externos, especialmente la colonización y la acción misionera, la disonancia resultante impuso enormes presiones al liderazgo chamánico. Con el tiempo, esto hizo que los jóvenes líderes tobas buscaran fuera del sistema simbólico tradicional elementos decisivos que pudieran lograr el restablecimiento de la armonía tan desesperadamente deseado.

Permítasenos volver a las dos cuestiones decisivas que formaron la columna vertebral de este estudio: por qué el pentecostalismo consiguió proporcionar a los Tobas la síntesis creadora capaz de restablecer la armonía y por qué la respuesta tuvo lugar en un momento determinado de la historia de los Tobas. Ya se ha hecho notar que la respuesta clave a la primera pregunta se desprende de la compatibilidad de creencias concernientes a la naturaleza de la comunicación entre los Tobas y lo sobrenatural. Esta comunicación consistía en un discurso directo y en expectativas de una respuesta inmediata por parte de poderes sobrenaturales. Este poder *(napinshic)*, proporcionado tanto por los espíritus compañeros *(ltaxayaxaua)* como por otros seres sobrenaturales, era trasferido directamente a los chamanes para su utilización inmediata. Cuando el espíritu compañero anunciaba que un paciente no sería curado, el espíritu partía y el paciente era dejado morir. En el pentecostalismo, la comunicación con el Espíritu Santo tiene lugar de la misma manera. Es directa e inmediata. No es necesario esperar a que el Espíritu responda a su tiempo. Cuando la danza no produce el gozo esperado, es repetida hasta conseguirlo, o hasta que el individuo abandone exhausto la búsqueda, convencido de que algún factor (quizá la presencia de alguna mujer menstruante) está impidiendo la comunicación de poder en la forma deseada. La conductividad estructural, entonces (en los términos de Smelser), sirve para explicar por qué el pentecostalismo tuvo éxito en donde otros sistemas religiosos fracasaron.

Un tremendo deseo de superar la disonancia, de restablecer las relaciones armónicas entre los Tobas y su mundo fenoménico —incluyendo los colonos extranjeros—, los llevó, durante este período de su historia, a adoptar nuevos símbolos y a comunicárselos entre sí a través de las provincias del Chaco y de Formosa. Los Tobas no derrochan energía allí donde no sea requerida, o donde los resultados sean dudosos. Por ejemplo, buscan aquellos elementos para la subsistencia que requieran la menor cantidad de energía para ser conseguidos, y esto apenas cuando se convencen de que no hay otras posibilidades que signifiquen gasto de menos energía aún. Fue siempre dificultoso convencer a los Tobas de que era necesario traer agua de un pozo que se encontraba a un kilómero de distancia en tanto yo tuviera un bidón con agua de Sáenz Peña en el *jeep*. De la misma manera, los Tobas adoptaron el pentecostalismo en el preciso momento en que los otros esfuerzos emprendidos para restablecer la armonía y el equilibrio habían sido agotados o se habían demostrado improductivos. Además, el pentecostalismo tuvo la suerte de aparecérseles a los Tobas justo en el momento exacto de su mayor desesperación.

Durante los largos siglos de contacto con las misiones jesuitas y franciscanas, la situación de los Tobas no había llegado a ser lo suficientemente desesperada como para apelar a símbolos externos, máxime cuando su adopción significara un reordenamiento considerable de su universo simbólico. Los mecanismos tradicionales para mantener y restablecer la armonía con el medio continuaron funcionando tolerablemente bien hasta la colonización del Chaco, cuando las perturbaciones se hicieron demasiado graves como para ser manejadas con tales medios. Si bien las misiones Emmanuel y menonita habían estado presentes en el lugar y momento precisos, la alternativa simbólica que ofrecían no resultaba viable para los Tobas, a pesar de su gran necesidad. El grado de compatibilidad no era lo suficientemente atractivo como para ejercer la fuerza necesaria para adaptarlas a su visión del mundo. A pesar de todo, estas misiones jugaron un importante papel al preparar el terreno que hizo posible el arraigo del mensaje pentecostal. Finalmente, fue la aparición de John Lagar —con su mensaje de "salud y gozo" (tales como fueron reinterpretados por los Tobas), que comprendía la efusión del fuego pentecostal (véase Miller, 1975)— lo que proporcionó los elementos simbólicos clave que permitieron a los Tobas el restablecimiento de la armonía que estaban buscando. Hay que recalcar que la adopción del simbolismo pentecostal sólo tuvo lugar luego de repetidos fracasos mostrados por el chamanismo, tales como el episodio de 1924 en Napalpí, el incidente de 1933 en El Zapallar, o el incremento incontrolado de la tuberculosis y las enfermedades venéreas. En esta coyuntura, la disonancia había alcanzado proporciones tan intolerables que resultaba absolutamente imperiosa una respuesta viable de algún tipo. La velocidad con que el culto se extendió a todos los principales asentamientos tobas (aproximadamente quince años) ilustra la eficacia de la solución y la urgencia con la cual fue acogido el recurso pentecostal. El abandono de la misión menonita de Aguará en 1955 y la subsiguiente adaptación de los misioneros a propuestas más fraternales —incluyendo asistencia en la organización de la Iglesia Evangélica Unida— proporcionaron también un impulso crucial en la consolidación y adaptación del movimiento.

La naturaleza precaria de la nueva armonía ya ha sido documentada. Parece claro que serán necesarios ajustes serios para que el movimiento del culto pueda seguir proporcionando los ingredientes para lograr el mantenimiento continuado de la armonía en un medio siempre cambiante. Hay señales de que el culto continúa proporcionando el núcleo central de identidad y actividad en los asentamientos urbanos más recientes. Al mismo tiempo, el culto urbano también proporciona un foro para la interacción con los criollos, con sus valores y visión del mundo, lo que probablemente resultará en una mayor secularización y ruptura del universo simbólico de los Tobas. Más bien que la emergencia de un nuevo estado estacionario, todas las indicaciones apuntan a la realización de esfuerzos continuados por lograr el mantenimiento de armonía suficiente en nuevos medios, de suerte que persista la identidad de los Tobas, si bien expresada en ordenamientos simbólicos nuevos.

BIBLIOGRAFÍA

Aberle, D. F. 1966. *The Peyote Religion among the Navaho.* Viking Fund Publication in Anthropology No. 42. New York. Wenner-Green Foundation.

Aguirre, D. J. F. 1898. "Etnografía del Chaco", *Boletín del Instituto Geográfico Argentino,* 19:464-510. Buenos Aires.

Alumni, J. 1948. *Nuestra Señora de los Dolores y Santiago de la Cangayé.* Resistencia, Argentina. Moro Hnos.

— 1950. *San Fernando del Río Negro—De San Fernando a la Resistencia.* Resistencia, Argentina. Moro Hnos.

— 1951. *El Chaco: figuras y hechos de su pasado.* Resistencia, Argentina. Moro Hnos.

Ameghino, A. 1936. *Observaciones sobre el psiquismo de los aborígenes.* Comisión Honoraria de Reducciones de Indios, núm. 4. Buenos Aires.

Aráoz, G. 1884. *Navegación del Río Bermejo y viajes al Gran Chaco.* Buenos Aires. Imprenta Europea.

Arenales, J. 1833. *Noticias históricas y descriptivas sobre el gran país del Chaco y Río Bermejo.* Buenos Aires. Hallet y Cía.

Arias, F. G. 1837. *Diario de la expedición reduccional del año 1780 mandada practicar por orden del Virrey de Buenos Aires.* En De Angelis (ed.), vol. 6, pp. VIII-50.

Arnedo, C. F. y O. A. Cervera. 1970. "El aborigen chaqueño". *Boletín de la Oficina Sanitaria Panamericana,* vol. 49, núm. 6. Washington, D. C.

Asociación Amigos del Aborigen. 1964. *Colonia Aborigen Chaco.* Mimeografiado. Quitilipi, Chaco.

Azara, D. F. 1809. *Voyages dans l'Amérique Meridionale.* 4 vols. París. Edit. Dentu. Edición española, 1941, Madrid.

Balado, M. 1966. *Noticias y comentarios sobre los indios — A través del periódico* El Colono. 1906-1911. Resistencia, Argentina. Universidad del Nordeste.

Bartolomé, L. 1971. *Millenarian Activities among Indians of the Argentine Chaco from 1905 to 1933.* Ms. inédito. Buenos Aires.

Bialet-Massé, J. 1904. "El estado de las clases obreras argentinas a comienzos del siglo", cap. II del *Informe de Joaquín V. González,* Buenos Aires, Ministerio del Interior.

Bloch-Hoell, N. 1964. *The Pentecostal Movement, Its Origin, Development, and Distinctive Character.* Norway. A/S, Halden.

Boggiani, G. 1900. *Compendio de etnografía paraguaya moderna. Primera parte. Los Tobas.* Asunción. Imprenta H. Krauss.

Cámara de Diputados. 1924. *Diario de Sesiones de la Cámara de Diputados.* Vol. 5. *Sesiones ordinarias.* Agosto 28-septiembre 12 de 1924. Buenos Aires.

Campos, D. 1888. *De Tarija a la Asunción.* Buenos Aires. Imprenta Peuser.

Cardoza, E. 1924. *El Chaco y Los Virreyes.* Asunción. Imprenta Nacional.

Carranza, A. J. 1884. *Expedición al Chaco austral.* Buenos Aires. Imprenta Europea.

Castelnau, F. 1851. *Expédition dans les parties centrales de l'Amérique du Sud. 1843 à 1847.* En *Historie du voyage,* vol. 6. París.

Christianity Today. 1963. *Church Growth in Latin America.* Vol. 7, núm. 21 (July 19).

Clark, E. T. 1949. *The Small Sects in America.* Nueva York. Abingdon Press.

Conn, C. W. 1956. *Pillars of Pentecost.* Cleveland, Tenn. Pathway Press.

Cordeu, E. 1969. *La comunidad Toba de Miraflores. Materiales para el estudio de un proceso de cambio.* Ms. inédito. Buenos Aires.

— 1969-70. "Aproximación al horizonte mítico de los Tobas", *Runa,* vol. 12, partes 1 y 2, pp. 67-176. Buenos Aires.

Cordeu, E. y S. Siffredi. 1971. *De la algarroba al algodón, movimientos mesiánicos de los Guaycurú.* Buenos Aires. Juárez ed., S. A.

Dalton, R. C. 1945. *Tongues like as of Fire.* Springfield, Missouri. The Gospel Publishing House.

De Angelis, P. (ed.). 1836-37. *Colección de obras y documentos relativos a la historia antigua y moderna de las provincias del Río de La Plata.* 6 vols. Buenos Aires.

Dobrizhoffer, M. 1784. *Historia de Abiponibus.* 3 vols. Viena.

Josephi Nob. de Kurzbek. Trad. inglesa, 1882, Londres. Trad. española, 1967-70, Resistencia, Argentina.

Davis, J. M. 1943. *The Evangelical Church in the River Plate Republics.* Nueva York. International Missionary Council.

D'Orbigny, A. 1835-47. *Voyage dans l'Amérique Meridionale.* 9 vols. París. Strasbourg. Ed. española, 1945, Buenos Aires.

Drake, St. Clair y H. R. Cayton. 1962. *Black Metropolis.* Nueva York. Harper Torchbooks.

Ducci, Z. 1904. "Los Tobas y su lengua", *Boletín del Instituto Geográfico Argentino,* 21:165-214. Buenos Aires.

Durkheim, E. 1961. *The Elementary Forms of the Religious Life.* Nueva York. Collier Books.

Eliade, M. 1957. *The Sacred and the Profane.* Nueva York. Harper Torchbooks.

Elinson, H. 1965. "The Implications of Pentecostal Religion for Intellectualism, Politics, and Race Relations", *American Journal of Sociology,* 70(4):403-415.

El Territorio. Diario del Chaco. Resistencia, Argentina. (Todo el número del 24 de mayo de 1960 está dedicado a la historia del Chaco.)

Fernández Cornejo, J. A. 1837. *Diario de la primera expedición al Chaco, emprendida en 1780.* En De Angelis (ed.), vol. 6, núm. II:1-45.

Furlong, G. 1936. *Cartografía jesuítica del Río de la Plata.* Buenos Aires. Jacobo Peuser.

— 1968. *Alonso Barzana S. J. y su carta a Juan Sebastián (1594).* Buenos Aires. Edit. Theoria.

— s. f. *Mártires jesuitas.* Ms. inédito. Buenos Aires.

García de Solalinde, D. A. 1836. *Proyecto de colonización del Chaco.* En De Angelis (ed.), vol. 4, núm. 11:1-11.

García Pulido, J. 1951. *El Gran Chaco y su Imperio Las Palmas.* Resistencia, Argentina. Casa García.

Gerth, H. H. y C. C. W. Mills. 1958. *From Max Weber: Essays in Sociology.* Nueva York. Galaxy Books.

Gonzales, M. 1890. *El Gran Chaco argentino.* Buenos Aires. Cía. Sudamericana de Billetes.

Grenón, J. y M. Vergara. 1942. *Los mártires de Santa María de Jujuy Pedro Ortiz de Zárate y Juan A. Solinas, S. J.* Salta, Argentina. La Provincia.

Henry, Jules y Zunia. 1944. "Doll Play of Pilagá Indian Children", en *Research Monograph No. 4 of the American Orthopsychiatric Association.* Nueva York.

Heraldo del Norte. 1924-25. Publicación esporádica. Resistencia, Argentina. Edición especial del 27 de junio de 1925, dedicada al incidente de Napalpí.

Hermitte, E. (ed.). 1970. *Situación de la población aborigen de la provincia del Chaco y políticas para su integración a la comunidad nacional (Informe final presentado al Consejo Federal de Inversiones)*. 4 vols. Mimeografiado. Buenos Aires. Instituto Torcuato di Tella.

Hernando Balmori, C. 1957. "Notas de un viaje a los Tobas", *Revista de la Universidad de La Plata,* trimestre cuarto, pp. 23-36. La Plata, Argentina.

Holt, J. B. 1940. "Holiness Religion: Cultural Shock and Social Reorganization", *American Sociological Review,* 5: 740-747.

Hutchinson, T. J. 1865. "On the Chaco and other Indians of South America", *Transactions of the Ethnological Society of London,* 3:321-34. Londres.

Iturralde. P. 1909. *Los indios Tobas y la Misión de San Francisco del Laishí en la Gobernación de Formosa.* Buenos Aires. Ministerio del Interior.

Johnson, B. 1961a. "Do Holiness Sects Socialize in Dominant Values?", *Social Forces,* 39:309-316.

— 1961b. "Two Thousand Conversions in One Night", *Herald of His Coming,* Abril, p. 12. Los Angeles, California.

Jolís, D. G. 1789. *Saggio sulla storia naturale della provincia del Gran Chaco.* Faenza.

Kanter, H. 1936. *Der Gran Chaco und seine Randgebiete.* Hamburgo. Gruyter and Co.

Karsten, R. 1915. *Indian Dances in the Gran Chaco.* Helsingfors. Centraltryckeri.

— 1923. "The Toba Indians of the Bolivian Gran Chaco", *Acta Academiae Aboensis Humaniora,* vol. 4, núm. 4. Abo, Finland. Reproducido en *Anthropological publications.* Oosterhout. Holanda, 1967.

— 1932. *Indian Tribes of the Argentine and Bolivian Chaco.* Helsingfors. Akademische Buchhandlung.

Kelsey, M. T. 1964. *Tongue Speaking.* Nueva York. Doubleday.

Kerr, J. G. 1950. *A Naturalist in the Gran Chaco.* Londres. Cambridge University Press.

Kersten, L. 1905. *Die Indianerstämme des Gran Chaco.* Internationales Archiv für Ethnographie. Leiden. Ed. española, 1968, Resistencia, Argentina.

Lagar, J. R. "Toba Indians of Argentina", *Missionary Digest,* julio, Riverside Station, Dayton, Ohio.

La Prensa. 1924. Diario. Buenos Aires.

La Voz del Chaco. 1924, 1933. Diario. Resistencia, Argentina. Las fechas aluden a las referencias citadas.

Lehmann-Nitsche, R. 1923-25. "La astronomía de los Tobas", *Revista del Museo de La Plata,* 27:267-85; y 28:181-209. La Plata, Argentina.

Litwiller, N. 1954. *Letter to Home Secretary of the Mennonite Board of Missions and Charities.* Elkhart, Indiana. Copia en el archivo misional de Sáenz Peña, Argentina.

Loewen, J., A. Buckwalter, y J. Kratz. 1965. "Shamanism, Illness, and Power in Toba Church Life", *Practical Anthropology,* 12:250-280. Tarrytown. Nueva York.

Lozano, Pedro. 1941. *Descripción corográfica del Gran Chaco Gualamba.* Publicado por el Instituto de Antropología de Tucumán según la edición de Córdoba de 1733. Tucumán, Argentina.

— 1754. *Historia de la Compañía de Jesús en la provincia del Paraguay.* 2 vols. Madrid.

— 1873-75. *Historia de la conquista del Paraguay, Río de la Plata y Tucumán.* 5 vols. Buenos Aires. Imprenta Popular.

Mantegazza, P. 1949. *Cartas Médicas.* Traducido por Juan Heller de la edición original de 1858-60. Buenos Aires. Imprenta Coni.

Mantilla, M. F. 1928. *Crónica histórica de la provincia de Corrientes.* 2 vols. Buenos Aires. Espiasse y Cía.

Mead, F. S. 1965. *Handbook of Denominations.* Nueva York. Abingdon Press.

Métraux, A. 1937. "Études d'ethnographie Toba-Pilagá (Gran Chaco)", *Anthropos,* 32:171-194; 378-401. Viena.

— 1944. "Estudios de etnografía chaquense", *Anales del Instituto de Etnografía Americana,* 5:263-314. Mendoza, Argentina.

— 1946a. "Ethnography of the Chaco", en J. Steward (ed.), *Handbook of South American Indians,* vol. 1, parte 2:197-370. Washington, D. C. Bureau of American Ethnology.

— 1946b. *Myths of the Toba and Pilagá Indians of the Gran Chaco.* Filadelfia. American Folklore Society.

Miller, E. S. 1966. "Toba Kin Terms", *Ethnology,* 5(2):194-201. University of Pittsburgh.

— 1967. *Pentecostalism among the Argentine Toba.* Ph. D. Dissertation. University of Pittsburgh.

— 1970. "The Christian Missionary, Agent of Secularization", *Anthropological Quarterly,* 43(1):14-22.

— 1971. "The Argentine Toba Evangelical Religious Service", *Ethnology,* 10(2):149-159.

— 1973a. "Los Tobas y el milenarismo", *Actualidad Antropológica,* 11:17-20. Buenos Aires.

— 1973b. "The Linguistic and Ecological Basis of Toba Kin Categories", *International Congress of Ethnological and Anthropological Sciences.* Chicago.

— 1974. "The Impact of Pentecostal Symbolism on Argentine Toba Concepts of Power". Trabajo leído en un simposio sobre procesos de articulación social. Buenos Aires.

— 1975. "Shamans, Power Symbols, and Change in Argentine Toba Culture", *American Ethnologist.*

Ministerio del Interior. 1968. *Censo Indígena Nacional,* tomo II. Buenos Aires. Secretario del Estado de Gobierno.

Molina, R. A. 1948. *Hernandarias, El Hijo de la Tierra. 1560-1631.* Buenos Aires. Editorial Lancestresmere.

Morillo, F. 1837. *Diario del viaje al Río Bermejo en 1780.* En De Angelis (ed.), vol. 6, 11:1-21.

Morresi, E. S. 1971. *Las ruinas del km. 75 y Concepción del Bermejo. Primera etapa de una investigación de arqueología histórica regional.* Resistencia, Chaco. Instituto de Historia, Facultad de Humanidades.

Munroe, Ruth L. 1955. *Schools of Psychoanalytic Thought.* Nueva York. Holt, Rinehart and Winston.

Niklison, J. E. 1916. "Investigación en los Territorios Federales del Chaco y Formosa", *Boletín del Departamento Nacional del Trabajo,* núm. 34. Buenos Aires. Imp. de la Policía.

— 1919. "Los indígenas del norte en la Argentina (apuntes de actualidad)", *Revista del Mundo,* 5(2):19-26. Nueva York-Buenos Aires.

Oliveira, C. F. 1897. *Viaje al país de los Tobas.* Buenos Aires. Jacobo Peuser.

Otto, R. 1929. *The Idea of the Holy.* Londres. 2a. ed.

Palavecino, E. 1933. "'Los indios Pilagá del río Pilcomayo",

Anales del Museo Nacional de Historia Natural, 37:517-581. Buenos Aires.

Pastells, P. 1912-49. *Historia de la Compañía de Jesús en la provincia del Paraguay*. 8 vols. Madrid.

Patiño, G. 1833. *Diario del Padre Patiño*. En J. Arenales, pp. 15-28.

Paucke, F. 1942-44. *Hacia allá y para acá. Una estada entre los indios Mocobíes, 1749-1767*. 4 vols. Traducido y editado por E. Wernicke. Tucumán.

Paulk, E. P. 1958. *Your Pentecostal Neighbor*. Cleveland, Tenn. Pathway Press.

Pelleschi, G. 1881. *Otto mesi nel Gran Ciacco*. Florencia. Ed. inglesa, 1886, Londres.

Perkins, N. y J. Garlock. 1963. *Our World Witness, a Survey of Assembly of God Foreign Missions*. Springfield, Missouri. Gospel Publishing House.

Pope, L. 1942. *Millhands and Preachers*. New Haven, Conn. Yale University Press.

Reed, W. R. 1965. *New Patterns of Church Growth in Brazil*. Grand Rapids, Michigan. Eerdmans Pub. Co.

Reyburn, W. 1954. *The Toba Indians of the Argentine Chaco: An Interpretive Report*. Elkhart, Indiana. Mennonite Board of Missions & Charities.

Rodrigues, E. 1927. *Campañas del Desierto*. Buenos Aires. Imprenta López.

Rossi, E. 1970. *Historia Constitucional del Chaco*. Resistencia, Argentina. Edit. Norte Argentino.

Rosten, L. (ed.). 1963. *Religions in America*. Nueva York. Simon & Schuster.

Sánchez Labrador, J. 1910. *El Paraguay católico*. 2 vols. Reproducción de la edición de 1770. Buenos Aires. Coni Hnos.

Schmidel, V. 1950. *Derrotero y viaje a España y los indios*. Traducción de la edición original alemana de 1554. Santa Fe, Argentina. Universidad Nacional del Litoral.

Serrano, A. 1947. *Los aborígenes argentinos*. Buenos Aires. Editorial Nova.

Shank, J. W. 1949. Carta a Henry Grubb del 31 de enero. Copia en el archivo misional, Sáenz Peña.

Shapiro, S. 1962. "'The Toba Indians of Bolivia", *América Indígena*, 22(3):241-45. México.

Smelser, N. J. 1962. *Theory of collective behavior*. Londres. Free Press.

Sockett, B. 1966. *A Stone is Cast.* Birkenhead-Cheshire. Wrights Ltd.

Sundkler, B. 1965. *The World of Missions.* Grand Rapids, Michigan. Eerdmans Pub. Co.

Susnik, B. J. 1962. "Estudios Emok-Toba", *Boletín de la Sociedad Científica del Paraguay,* núm. 7, Asunción.

Thouar, A. 1885. "Auf der Suche nach den Resten der Crevaux'-schen Expedition", *Globus,* 48:1-7; 19-22; 33-39; 49-55; 65-71. Braunschweig.

Tolten, H. 1936. *Enchanting Wilderness.* Londres. Selwyn and Blount.

Torre Revello, J. 1943. *Esteco y Concepción del Bermejo: dos ciudades desaparecidas.* Buenos Aires. Jacobo Peuser.

Troeltsch, E. 1960. *The Social Teachings of the Christian Churches.* 2 vols. Nueva York. Harper & Bros.

Vazques Gualtieri, J. N. 1958. "Los mártires indígenas de El Zapallar", *Reivindicación,* año II, núm. 10. Resistencia, Argentina.

Victorica, B. 1885. *Campaña del Chaco.* Buenos Aires. Imprenta Europea.

Wallace, A. F. C. 1956. "Revitalization Movements", *American Anthropologist,* 58:264-81.

Weber, M. 1947. *The Theory of Social and Economic Organization.* Londres. Free Press.

Wood, W. W. 1965. *Culture and Personality Aspects of the Pentecostal Holiness Religion.* La Haya. Mouton and Co.

Worsley, P. 1968. *The Trumpet Shall Sound.* Nueva York. Schocken Books, Publicado originalmente por MacGobbon & Kee, Londres, 1957.

Yensen, J. C. 1965. *El Gran Chaco y . . . San Buenaventura del Monte Alto.* Resistencia, Argentina. Sociedad Constancia.

Young, R. 1900. *From Cape Horn to Panama.* Londres. South American Missionary Society.

Zalazar, R. A. 1964. *Historia y acción sociológica y cultural de la Iglesia en el Chaco.* Resistencia, Argentina. Moro Hnos.

impreso en talleres gráficos victoria, s. a.
jesús terán 9-a — méxico 1, d. f.
tres mil ejemplares más sobrantes para reposición
7 de agosto de 1979